Manual de RECUPERAÇÃO JUDICIAL DO AGRONEGÓCIO

Carlos Roberto Claro

Manual de RECUPERAÇÃO JUDICIAL DO AGRONEGÓCIO

GZ
EDITORA

Rio de Janeiro
2024

1ª edição – 2024

Imagem da capa: *Oleksandr Ryzhkov*

Diagramação: *Olga Martins*

CIP-BRASIL. CATALOGAÇÃO NA PUBLICAÇÃO
SINDICATO NACIONAL DOS EDITORES DE LIVROS, RJ

C547m

Claro, Carlos Roberto
Manual de recuperação judicial do agronegócio / Carlos Roberto Claro. - 1. ed. - Rio de Janeiro : GZ, 2024.
208 p. ; 24 cm.

Inclui bibliografia e índice
ISBN 978-65-5813-114-4

1. Direito agrário - Brasil. 2. Agroindústria - Brasil. 3. Direito empresarial - Brasil. 4. Falência - Brasil. 5. Sociedades comerciais - Recuperação - Brasil. I. Título.

24-93162 CDU: 347.736:349.42(81)

Meri Gleice Rodrigues de Souza - Bibliotecária - CRB-7/6439

06/08/2024 08/08/2024

contato@editoragz.com.br
www.editoragz.com.br
Estrada do Capuava, nº 1325 - Box Q - CEP 06715-410
Bairro Barro Branco - Município de Cotia - SP
Tels.: (0XX21) 99585-0737 / 99755-0737

Impresso no Brasil
Printed in Brazil

NOTA DO AUTOR

O autor se dedica ao estudo e à prática do Direito Concursal há mais de 37 anos. Atuou, na qualidade de advogado, em vários processos de falência e concordata preventiva, regidos pelo Decreto-Lei 7.661/45. Também atua em regimes recuperatórios e falimentares, previstos na Lei 11.101/05.

Não obstante a publicação de obras e artigos científicos a respeito da insolvência empresarial, nunca me havia debruçado, efetivamente, sobre o procedimento a ser seguido no âmbito da recuperação judicial do devedor em crise.

Os escritos acadêmicos até então redigidos foram a respeito de determinados institutos da Lei 11.101/05, mas não havia escrito acerca do rito processual, por assim dizer, da ação de reestruturação, tal consta do Capítulo II, da presente obra.

Reputei conveniente, então, escrever texto específico sobre as questões que envolvem a crise do agronegócio e a ação de reestruturação judicial propriamente dita.

No livro foram utilizadas locuções perfeitamente compreensíveis, precisas, concisas - evitando-se a redundância e frases de difícil entendimento – destacando-se que a finalidade do livro é didática.

Objetiva-se, enfim, a compreensão das várias questões que regem o processo de reestruturação da forma mais simplificada possível, por assim dizer.

Malgrado tal asserto, nunca se deixou de lado o rigor técnico quando foram examinados cada um dos institutos tratados na lei concursal.

Ressalta-se que termos ou frases em Latim foram traduzidos, a bem da honestidade científica e os propósitos do livro.

Portanto, a obra que ora se apresenta pode ser lida por todos os que se interessam pela crise empresarial de agente econômico, em geral, e pela crise do produtor rural, em particular.

Importante destacar que alguns cortes metodológicos foram levados a efeito[1], porquanto, necessário. De fato, as matérias aqui versadas são realmente muito extensas e o escopo foi apresentar, sem qualquer caráter exauriente, por óbvio, visão geral sobre determinados temas, reputados mais relevantes.

---

1 Esclarece Luis Alberto Warat que *toda a pesquisa implica em uma seleção arbitrária e fragmentada de informações. O que equivale a dizer que nenhum tema pode ser esgotado.* **O direito e sua linguagem**. 2ª versão. 2ª edição aumentada, com a colaboração de Leonel Severo Rocha. Porto Alegre: Sergio Antonio Fabris Editor, 1995, p. 7.

Por outro lado, o texto não segue o senso comum teórico, na medida em que trata inúmeros institutos jurídicos de forma objetiva, apresentando questões práticas, muitas das quais vivenciadas pelas empresas em crise circunstancial, e que buscam a tutela do Estado, via ação de recuperação judicial.

Alguns posicionamentos doutrinários - devidamente fundamentados - vão de encontro como se lê em obras acadêmicas sobre o tema.

Em determinados pontos houve maior aprofundamento e noutros algumas questões mais práticas foram apresentas.

Para fins de maior abrangência da pesquisa acadêmica, pelos interessados, entendeu-se pertinente apresentar referencial teórico acerca de assuntos, destacados, em grande parte, nas notas de rodapé.

Alguns entendimentos filosóficos constam da obra, por reputar relevantes, atuais e pertinentes. Afinal, o ser humano está atrás da atividade econômica organizada.

Este é o modo de redigir e estruturar o texto, adotado pelo autor desde a primeira obra publicada.

Quer-se crer que, desta forma, haverá contribuição para o avanço da pesquisa acadêmica, no que se refere aos institutos tratados pela Lei 11.101/05. É o que se espera.

Não obstante a linguagem acessível, por assim dizer, buscou-se implementar, conforme exposto, a indispensável precisão acadêmica [técnica] rigorosa no decorrer da exposição sobre os vários institutos estudados, conforme exposto.

Nessa linha, transcrevo, por oportuno, o pensamento do insigne Caio Mário da Silva Pereira:

> *Sem jamais perder de vista que o direito é ciência altamente especializada, e, por isto mesmo, dotado de vocabulário próprio, sempre entendi que o rigor de uma tecnicismo extremado apura demasiadamente o sentido das palavras, e leva o juristas muitas vezes ao hermetismo de uma fala cabalística, somente inteligível pelos iniciados neste exoterismo particular...Evitando, então, os abusos da linguagem extremadamente especializada, procurei imprimir, aos dispositivos, estilo singelo, tanto quanto possível próximo da fala do povo*[2].

2 Apud - **MARCONDES, Sylvio. Problemas de direito mercantil**. São Paulo: Max Limonad, 1970.

Em outra obra de relevo, o mesmo jurista assim se manifesta:

> *Não faltou quem me sugerisse adotar linguagem mais singela e menos técnica e exposição menos erudita. Resisti, todavia, pois a sua elevação (se é certa a qualificação que se lhe deu) mais se compadece com a dignidade da cátedra, do que um eventual empobrecimento. Duvido mesmo que este fosse bem recebido pelos leitores. Se o meu estilo é claro, bom será que os novos juristas desde cedo se habituem a uma terminologia que os acompanhará por toda a vida. E se os conceitos são exatos e estão cientificamente lastrados, cumpre não sacrificar o debate das teses a remoto rendimento entre espíritos menos propensos ao estudo e à meditação*[3].

A obra visa a contribuir para o debate acadêmico a respeito de várias questões constantes da Lei 11.101/05, algumas polêmicas, de modo que as críticas construtivas serão muito bem recebidas.

O ato de escrever tem como propósito, quer-se crer, a contribuição para o aprofundamento da pesquisa científica na área do Direito.

Assim, o objetivo é que novas pesquisas advenham e explorem com mais profundidade, quiçá sobre outro viés, os temas escolhidos para reflexão na presente.

De fato, escrever é, sem dúvida, correr determinados riscos - nem sempre calculados -, inclusive quanto a teses eventualmente equivocadas, mas que certamente serão revistas em novas e contínuas pesquisas e reflexões.

Tenho em mente o pensamento presente de Michel de Montaigne:

> *O proveito de nosso estudo está em com ele nos termos tornado melhores e mais sensatos*[4].

Há de se considerar que o objeto cognoscível está sempre disponível ao sujeito cognoscente[5], de modo que eventuais pontos de vista imprecisos, incorretos, equivocados, certamente serão revistos em novas pesquisas.

---

3 **Instituições de direito civil. Volume I.** 6ª edição. Rio de Janeiro: 1982, XI.

4 **Os ensaios. Livro I.** São Paulo: Martins Fontes, 2002, p. 227.

5 Diz Plínio, o Jovem: *Por certo, considero felizes aqueles a quem foi dado, por graça dos deuses, ou fazer coisas dignas de serem escritas ou escrever coisas dignas de serem lidas, e felicíssimos, em verdade, aqueles a quem foram dadas as duas coisas.* Carta a Tácito. Sobre a Teoria do conhecimento: HESSEN, Johannes. **Teoria do conhecimento.** São Paulo: Martins Fontes, 2003.

Afinal, é o objeto cognoscível [diante de sua transcendência] que determina o sujeito cognoscente.

Justamente em razão disso, o conhecimento científico é inequivocamente provisório, na medida em que o objeto cognoscível se mostra sob outro viés a cada nova pesquisa.

A beleza no aprofundamento da pesquisa e da reflexão jurídica reside neste particular aspecto. O pesquisador acaba por examinar cada questão sob forma mais aprofundada, com novas respostas aos questionamentos.

O pensamento do autor da obra, a respeito de vários temas constantes da Lei 11.101/05, é apresentado em conformidade com o resultado da pesquisa científica levada a efeito. Suas reflexões podem não seguir, necessariamente, a linha do senso comum teórico.

De fato, é importante apresentar pontos de vista ao debate acadêmico.

Novos paradigmas poderão (e certamente surgirão) a respeito dos temas tratados na obra, não se pode esquecer de tal fato.

Após a definição sobre o tema, em razão de deferência e reconhecida qualidade técnica no âmbito editorial, a ideia da obra foi apresentada ao Dr. Guilherme Zincone, titular da GZ Editora[6].

A resposta à pretensão do autor foi pronta e generosa, sendo que o Dr. Guilherme gentilmente aceitou nosso desejo de editar a obra.

É uma honra publicar pela conceituada Editora GZ, mais uma vez.

Ao Dr. Guilherme e equipe, exprimo os mais profundos agradecimentos pela confiança em mim depositada e acolhida.

Considerando a alteração da Lei 11.101/05, ocorrida no ano de 2020, entendeu-se que o momento era a apropriado para escrever a respeito da reestruturação do agronegócio.

Cabe ressaltar que se não desconhece a tramitação do Projeto de Lei 03/2024 ao tempo da revisão final desta obra.

Eventual alteração da Lei 11.101/05, com base em tal projeto de lei, não afetará o teor do presente livro.

Impende destacar, desde logo, que a figura do assim denominado "gestor fiduciário", se de fato for alterada a lei para a inclusão de tal órgão no processo, será prevista tão somente no âmbito da falência, não da recuperação judicial, tema desta obra.

6 Já trabalhamos juntos em outras obras: FACHIN, Edson; ABRÃO, Carlos H.; REQUIÃO Rubens E. (coord.). **O moderno direito empresarial no século XXI: estudos em homenagem ao centenário de Rubens Requião**. Rio de Janeiro: Editora GZ, 2018; ABRÃO, Carlos H.; BENETI, Sidnei; UYEDA, Massami. (coord.). **Estudos em homenagem ao prof. Nelson Abrão**. Rio de Janeiro: Editora GZ, 2024.

Prosseguindo, o produtor rural se poderá valer de regime recuperatório [judicial ou extrajudicial], porquanto, as alterações advindas com a lei 14.112/2020 permitem a comprovação do prazo legal de atividade mediante a apresentação de documentos outros.

O produtor rural empresário que exerça a atividade econômica empresarial há mais de 2 (dois anos) poderá requerer a reestruturação judicial (ou se valer de outros regimes recuperatórios), contanto que faça antes a inscrição perante a Junta Comercial, possibilitando, assim a distribuição da ação em juízo[7].

De fato, consoante posicionamento do Superior Tribunal de Justiça, a inscrição perante a Junta Comercial se traduz em ato eminentemente declaratório, sendo que:

> *ao produtor rural que exerça sua atividade de forma empresarial há mais de dois anos é facultado requerer a recuperação judicial, desde que esteja inscrito na Junta Comercial no momento em que formalizar o pedido recuperacional, independentemente do tempo de seu registro*[8].

A obra pretende dar, quanto possível, um enfoque prático acerca de questões constantes da Lei 11.101/05 - no que se refere especificamente ao processo de recuperação judicial -, se não olvidando da dogmática jurídica, bem como das várias questões técnicas contidas na Lei 11.101/05.

Destaque-se que a pretensão do livro é jogar luzes em temas importantes ligados à reestruturação judicial do agronegócio mergulhado em crise, que hão de ser compreendidos em toda a sua extensão.

Foram vários aspectos abordados de forma técnica, mediante utilização de palavras simples, acessíveis, perfeitamente compreensíveis, a fim de demonstrar os caminhos percorridos pela lei, visando a (tentativa de) reestruturação econômico-financeira da pessoa jurídica em crise.

Conforme dito, o texto foi escrito de forma muito objetiva, mas abalizada, inclusive com arrimo na doutrina nacional e estrangeira, bem como em decisões dos tribunais pátrios.

---

7 STJ, Tema Repetitivo 1.145: *Ao produtor rural que exerça sua atividade de forma empresarial há mais de dois anos é facultado requerer a recuperação judicial, desde que esteja inscrito na Junta Comercial no momento em que formalizar o pedido recuperacional, independentemente do tempo de seu registro.*

8 STJ, 2ª Seção, REsp. n. 1.947.011-Pr, rel. Ministro Luis Felpe Salomão.

Por outro lado, entende o autor que, mesmo em novos tempos pós-modernos, as formalidades da escrita hão de permear qualquer texto jurídico, com rigor técnico e o caráter eminentemente científico. A linguagem é técnica.

O escrito relacionado ao Direito deve estar ao alcance de todos, quer-se crer, inclusive aos que não pertencem à área jurídica e desconhecem termos técnicos.

De fato, o propósito da obra é justamente este, ou seja, possibilitar que qualquer interessado possa ler o texto e entendê-lo perfeitamente.

O agronegócio, de fato, de há muito tem grande relevo na economia nacional, sendo a mola propulsora que alavanca a geração de empregos, constituição de novas pessoas jurídicas voltadas para este ramo de atividade econômica.

Mediante exportação de variados produtos, bem como o aumento da produção nacional de alimentos [café, farinha, açúcares e melaços, laranja, arroz, feijão, carne bovina, suína, aviária, algodão, milho, leite e produtos florestais], por exemplo, o Brasil tem papel preponderante a nível mundial.

A posição do país, o que se refere ao agronegócio, é de destaque no cenário mundial, sem dúvida.

O agronegócio pode, ser considerado como uma das principais atividades econômicas desenvolvidas no Brasil, quiçá a maior e mais importante, não só em termos econômico, obviamente.

Nessa esteira, considerando a relevância do agronegócio, é importante colocar em destaque que entidades jurídicas e produtores rurais [sejam ou não registrados na Junta Comercial] também atravessam crise econômico-financeira e quiçá patrimonial, irremediável.

Os motivos que ocasionam a crise da empresa são variáveis, muitos externos à empresa.

Em plena crise mundial sanitária houve a reforma da legislação referente à insolvência, mediante Lei 14.112/2020, promulgada em 24/12/2020.

Outros países foram na mesma linha [Itália, Decreto Legislativo n. 14, de 12/01/219, prevendo o sistema de alerta e prevenção, qual no sistema francês].

Agora, em 2024, o microssistema da insolvência poderá ser novamente alterado.

Como reiteradamente se costuma afirma, a lei precisa passar pelo teste do tempo e isso parece ser consenso na doutrina.

Destarte, o tempo, só ele, dirá se a Lei 11.101/05 de fato contribuiu para a recuperação dos agentes econômicos mergulhados em crise.

Nessa esteira, assevera Michel de Montaigne:

> *As leis extraem da aplicação e do uso sua autoridade; é perigoso levá-las de volta ao seu nascimento; elas se avolumam e enobrecem ao ro-*

lar, como nossos rios: acompanhai-os remontando até sua fonte e esta não passa de um pequeno olho d'água mal reconhecível, que assim se dignifica e se fortalece ao envelhecer[9].

No momento – no que diz com a eficácia da Lei 11.101/05, como ferramenta para a tentativa de soerguimento empresarial - deve haver, de minha parte, a suspensão de juízo, seguindo o ceticismo pirrônico, mantendo-se, quanto possível, a ataraxia, como diria Sexto Empírico.

Sem descuidar de outros pontos objeto da alteração legal, a obra objetiva analisar [de forma não exauriente] a recuperação judicial prevista na lei, que se encontra ao alcance dos produtores rurais, e vivenciam eventual crise econômica e financeira.

A lei de 2005 apresenta mecanismos jurídico-econômicos a fim de que se tente o saneamento daqueles que se podem recuperar.

Os agentes econômicos que se veem mergulhados em crise patrimonial irreversível deve(riam) se valer do processo de falência e não do regime recuperatório judicial ou extrajudicial.

A mantença no mercado, da entidade com patologia, pode causar efeito multiplicador, deletério a outros agentes econômicos que nele operam.

Por fim, conforme dito, o escopo do livro é conduzir o leitor pelo caminho do processo de recuperação, visando-se o saneamento da empresa e sua a reestruturação, a fim que volte a operar regularmente no mercado competitivo.

Outono de 2024.

O autor

---

9 **Os ensaios. Livro II**. São Paulo: Martins Fontes, 2006, p. 376.

SOBRE O AUTOR

Advogado em Curitiba

Pós-Graduado em Direito Empresarial

Mestre em Direito Empresarial e Cidadania

Parecerista e Pesquisador

Membro Relator da Comissão de Estudos sobre Recuperação Judicial e Falência da OAB-Paraná.

ID Lattes: http://lattes.cnpq.br/5264249545377944

ID Orcid: http://orcid.org/0000-0002-6589-9761

ABREVIATURAS E SIGLAS

ADI	Ação Direta de Inconstitucionalidade
AgInt	Agravo Interno
Apud	Citado por
art.	artigo
BACEN	Banco Central do Brasil
caput	topo do artigo de lei
CC	Código Civil
CDB	Certificado de Depósito Bancário
CF	Constituição Federal
CIR	Cédula Imobiliária Rural
CPC	Código de Processo Civil
CPP	Código de Processo Penal
CPR	Cédula de Produto Rural
CTN	Código Tributário Nacional
Dec.-Lei	Decreto-Lei
ET	Estatuto da Terra
HBS	Harvard Business Scholl
julg.	julgamento
Min.	Ministro
Op. cit.	obra citada
REsp.	Recurso Especial
PRA	Patrimônio Rural em Afetação
RT	evista dos Tribunais
RTJ	Revista Trimestral de Jurisprudência do STF
STF	Supremo Tribunal Federal
STJ	Superior Tribunal de Justiça
TJPR	Tribunal de Justiça do Paraná
TJSP	Tribunal de Justiça de São Paulo

SUMÁRIO

I

AGRONEGÓCIO

1.1. CONSTITUIÇÃO FEDERAL

Estabelece a Constituição Federal que compete privativamente à União legislar sobre o direito agrário (art. 22, inc. I), sendo que a política agrícola e fundiária possui Capítulo próprio (a partir do art. 184).

Portanto, a nomenclatura correta, de acordo com a Constituição Federal, é Direito Agrário, não obstante a Lei 13.986/2020 se referir a "agronegócio" (Capítulo VII) e ser esta a nomenclatura utilizada comumente.

A respeito, esclarece Zulmar Fachin:

> *O Direito Agrário, embora não tenha recebido no Brasil, a atenção merecida, constitui-se em importante ramo do ordenamento jurídico radicado no Direito Constitucional. Em um país com largas dimensões territoriais, como é o caso do Brasil, surge a necessidade de regrar a propriedade, a posse e o uso da terra*[1].

O assim denominado "Estatuto da Terra" é a principal lei[2] acerca do Direito Agrário, sem descuidar de outras legislações florestais e ambientais existentes no ordenamento jurídico.

De acordo com o ensinamento de Silvia C.B. Opitz e Oswaldo Opitz,

> *Direito agrário é o conjunto de normas jurídicas concernentes ao aproveitamento do imóvel rural.*
> *Os elementos fornecidos pelos costumes, a cultura e o direito agrário codificado nos fornecem a primeira parte da definição, que é uma afirmação dos caracteres essenciais de um conceito de direito. E a grane afinidade que tem o direito agrário com a*

1 **Curso de direito constitucional**. 3ª edição. São Paulo: Método, 2008, p. 29.

2 Lei 4.504/1964.

> *economia rural nos dá a segunda parte da definição, pois ela compreende o chamado direito da economia que disciplina a intervenção estatal no domínio privado*[3].

Há necessidade de esclarecer desde logo a etimologia da expressão "agronegócio", advinda dos Estados Unidos, nomenclatura muito em voga hodiernamente, mas que nem todos conhecem sua origem.

O termo "agronegócio", sem dúvida, é mais um neologismo[4] na Língua Portuguesa, sendo que seu é uso recorrente há mais de seis décadas nos Estados Unidos, especialmente a partir de 1957.

A obra de John H. Davis e Ray A. Goldberg, intitulada "A concept of agribusiness" (*Division of Research Gratuate School of Business Adminstration* - Harvard University, Boston, Massachusetts, 1957) apresenta o novo termo.

A propósito, escreve Maria Luisa R. F. de Mendonça:

> *na medida em que a agricultura se torna mais extensiva, com a disseminação do modelo conhecido como 'agronegócio', aumenta a necessidade de investimentos em insumos industriais e também em meios de transporte para comercialização em grande escala*[5].

---

3 **Curso completo de direito agrário**. 9ª edição. São Paulo: Saraiva, 2015, p. 58. Consta do art. 1º, do ET: *Esta Lei regula os direitos e obrigações concernentes aos bens imóveis rurais, para os fins de execução da Reforma Agrária e promoção da Política Agrícola.*

4 A etimologia do termo "agronegócio" nasce de duas palavras: agro (Latim: terreno cultivado ou potencialmente cultivável) e negócio (atividade mercantil).

5 Tese de Doutorado, intitulada **Modo capitalista de produção e agricultura: A construção do conceito de 'Agronegócio'**. Universidade de São Paulo, 2103, p. 21. Destaque no original. chromeextension://efaidnbmnnnibpcajpcglclefindmkaj/https://www.teses.usp.br/teses/disponiveis/8/8136/tde-26062013-114407/publico/2013_MariaLuisaRochaFerreiraDeMendonca.pdf.Acesso 17/07/2023. Sobre o tema, consultem-se as obras de Caio Prado Junior. A Lei 13.986/2020, que será examinada no decorrer da exposição, faz referência expressa ao agronegócio [Capítulo VII].

O novo termo é o resultado das pesquisas formalizadas pelo Programa de Agricultura e Negócios da Escola de Graduação em Negócios e Administração da Harvard University.

Dizem os autores:

> *The concept of agriculture as an industry in and of itself or as a distinct phase of our economy was appropriate 150 years ago when the typical farm family not only raised crops and livestock but also produced its own draft animals, tools, equipament, fertilizers, and other production items; processed its own food and fiber; and retailed in the community most of the excess above family needs*[6].

Prosseguem:

> *As has been indicated, agribusiness comprises na important part of our economy - important both in size and in the fact that it supplies us with the very essential items of food and clothing*[7].

Os autores da obra, Davis e Goldberg, lecionavam na HBS e criaram a palavra *agribusiness*, corriqueiramente adotada no Brasil.

O agronegócio, em resumo, é uma gama de atividades econômica voltadas à produção e comercio de produtos agrícolas, em definição bastante simples.

No agronegócio existe um verdadeiro processo de industrialização, com observância rígida de cadeias produtivas.

A atividade vai muito mais além do que aquela desenvolvida pelo produtor rural [agricultura familiar, em acepção mais extensa], na medida em que a cadeia de produção envolve uma série de produtos, sem descuidar das várias pessoas jurídicas que atuam.

Há a industrialização da agricultura [manufatura, comercialização, cultivo de lavouras, armazenamento distribuição, venda de produtos, utilização de insumos químicos etc.], ultrapassando a agricultura familiar, do pequeno produtor rural.

---

6 Op. cit., p. 1.

7 Op. cit., p. 7.

Com o acentuado desenvolvimento da tecnologia, que se estendeu ao campo, a agricultura [inclusive com a mecanização e outros recursos] passou a ter um caráter muito mais organizado e competitivo, com elevada geração de recursos e de empregos, sem descuidar das exportações.

O termo norte-americano *agribusiness* (negócios do agro, em livre tradução), foi incorporado no Brasil por volta dos anos 1990, em decorrência de obra escrita por Ney Bittencourt Araújo ("Complexo agroindustrial: o 'agrobusiness' brasileiro'") e, segundo ensinamento de Maria Luisa R. F. de Mendonça:

> *A palavra 'agrobusiness' foi localizada inicialmente na edição do dia 7 de dezembro da "Folha de São Paulo', quando o jornal anuncia em primeira página o impasse na principal negociação multilateral da época, o GATT (General Agreement on Trade and Tariffs), com a manchete: 'Colapso da Rodada do GATT em Bruxelas - Cai entusiasmo pela importação'*[8].

Muito embora o termo "agribusiness" só venha a ser utilizado nos anos 1990, no Brasil, o agronegócio propriamente dito aqui tomou impulso décadas antes, mais precisamente a partir de 1973, com a criação da Embrapa - Empresa Brasileira de Pesquisa Agropecuária -, empresa pública vinculada ao Ministério da Agricultura e Pecuária.

1.2. PRINCÍPIOS CONSTITUCIONAIS

Inicialmente, há de se ter em mente a noção de princípio jurídico, cabendo discorrer a respeito.

Nas palavras de Francisco Pinto Rabello Filho,

> *os princípios jurídicos aparecem como a 'viga-mestra' do sistema jurídico, sua prescrições supremas e primeiras, e na intelecção e aplicação das demais normas jurídicas, o primeiro instrumental do operador*[9].

8 Op. cit., p. 155. Destaques no texto original.

9 **O princípio da anterioridade da lei tributária**. São Paulo: Editora Revista dos Tribunais, 2002, p. 28. Destaques no original da obra.

Prossegue o doutrinador:

> *É de se ter presente que princípios (jurídicos) são, por definição, a viga-mestra do sistema (jurídico), sus prescrições supremas e primeiras e, na intelecção e aplicação das demais normas jurídicas, o primeiro instrumento do operador*[10].

Por sua vez, escreve Eros Roberto Grau:

> *A existência [=positividade], no ordenamento jurídico, de determinados princípios que, embora não enunciados em nenhum texto de direito positivo, desempenham papel de importância definitiva no processo de interpretação/aplicação do direito, é inquestionável*[11].

Há vários princípios constitucionais relevantes, aplicáveis - inclusive relativos à ordem econômica - à Lei 11.101/05 e ao Direito Agrário, de modo que alguns serão ressaltados na obra.

Max Weber disserta sobre a questão:

> *Chamamos 'ordem econômica' a distribuição do efetivo poder de disposição sobre bens e serviços econômicos, que resulta 'consensualmente' do modo de equilíbrio de interesses e da maneira como ambos, de acordo com o sentido visado, são de fato empregados, em virtude daquele poder de disposição efetivo baseado no consenso*[12].

Caio Prado Júnior assim se posiciona:

> *A importância relativa, no conjunto das atividades econômicas brasileiras, desse setor híbrido em que negócios públicos e privados se entrelaçam e intimamente se combinam, é considerá-*

10 Op. cit., p. 30.

11 **A ordem econômica na Constituição de 1988**. 11ª edição. São Paulo: Malheiros, 2006, p. 156.

12 **Economia e sociedade. Volume 1**. Brasília: Editora Universidade d Brasília, 2009, p. 209.

> *vel. Isso se prende, de um lado, ao grande papel que o Governo federal desempenha na vida econômica do país, e relativamente a ela, como agente econômico e financeiro. E doutro, aos consideráveis poderes de que dispõe no que respeita à intervenção legal nas atividades econômicas em geral. O Estado, e especificamente o Governo federal e seus diferentes órgãos administrativos e paraestatais, além dos amplos recursos financeiros, em contraste com os privados, que transitam pelas suas mãos e de que dispõe, ou que comanda através de suas agências financeiras e outras (bancos oficiais, institutos de previdência etc.) além disso, exerce poderes verdadeiramente discricionários em setores da maior importância, como em particular no comércio exterior e nas transações cambiais. Isso concede evidentemente àqueles que manejam a administração pública e quanto a esses se ligam e associam, amplo terreno para atividade de negócios sem paralelo na atividade privada*[13].

É importante destacar o pensamento de Eros R. Grau a respeito dos princípios constitucionais:

> *Princípios não necessitam de 'positivação', visto serem positivos. É uma tolice imaginar que o juiz, o jurista, o doutrinador, possa ser autor da alquimia de transformar algo exatamente no que esse algo sempre fora*[14].

Aliás,

> *filio-me, destarte, ao entendimento de Eros Roberto Grau, para quem a proporcionalidade e a razoabilidade são novo nome para a equidade (CPC antigo: art. 127 e art. 1109; CPC atual; art. 140, parágrafo único, e art. 723, parágrafo único; Lei de Introdução às normas do direito brasileiro, art. 5º), ou seja,*

13 **A revolução brasileira**. 7ª edição. São Paulo: Brasiliense, 2004, p. 123.

14 **Por que tenho medo dos juízes: (a intepretação/aplicação do direito e os princípios)**. 7ª edição. São Paulo: Malheiros, 2016, p. 101. Consigne-se considerando o tema estudado – princípios constitucionais – que razoabilidade e proporcionalidade se não traduzem em princípio, na exata linha de pensamento esposado por Eros R. Grau (Op. cit., pp. 20 e 136).

> *algo de há muito conhecido. De fato, razoabilidade e proporcionalidade não se traduzem em princípios constitucionais e sim 'postulados normativos, regras de interpretação/aplicação do direito'*[15].

Determinados princípios constitucionais, por estarem em estreita ligação com a Teoria da Empresa, a atividade econômica organizada [Código Civil] e Lei 11.101/05 – que trata da reestruturação e falência da empresa -, precisam ser examinados.

Sem que tenha os princípios constitucionais em mente, dificilmente haverá visão geral mais abrangente e abalizada acerca de toda a crise empresarial e meios recuperatórios que eventualmente poderão ser empregados, visando a tentativa de soerguimento da pessoa jurídica viável e sua efetiva atuação no mercado competitivo.

Dito de outro modo, o intérprete pós-moderno se deve(ria) aprofundar na pesquisa acadêmico-científica e no estudo da matéria falimentar, inclusive com a leitura dos clássicos nacionais e estrangeiros. Examinar o direito comparado auxilia na elaboração de novos texto e na própria evolução legislativa.

1.2.1. Dignidade da pessoa humana

O princípio da dignidade da pessoa humana tem elevado assento constitucional [art. 1º, inc. III e art. 170, *caput*].

É o mais importante do catálogo principiológico constitucional, situando-se em degrau superior em relação aos demais princípios previstos a partir de 1988[16], de modo que sobre ele algumas palavras devem ser escritas.

---

15 CLARO, Carlos R. **Exorcizando alguns 'princípios' jurídicos.** In - https://www.migalhas.com.br/depeso/305977/exorcizando-alguns--principios--juridicos. Acesso: 14/07/2023. Destaque no original.

16 Esclarece Eros Roberto Grau: *A 'dignidade da pessoa humana' é adotada pelo texto constitucional concomitantemente como 'fundamento' da República Federativa do Brasil (art. 1, III) e como 'fim' da ordem econômica (mundo do ser) (art. 170, 'caput' – ' a ordem econômica...tem por fim assegurar a todos existência digna').* **A ordem econômica na Constituição de 1988**. 11ª edição. São Paulo: Malheiros, 2006, p. 195. Destaques no original.

O artigo 47 da Lei 11.101/05 contempla o princípio, na medida em que:

> *A recuperação judicial tem por objetivo viabilizar a superação da situação de crise econômico-financeira do devedor, a fim de permitir a manutenção da fonte produtora, do emprego dos trabalhadores.*

Nas palavras de Jair Gevaerd, o art. 170 da Constituição Federal proclama, garante e dirige a ordem econômica e financeira nacional[17].

É a partir dele - princípio maior da Constituição Federal, relacionado à dignidade da pessoa humana - que decorrem os direitos fundamentais, também expressos na mesma Carta Política de 1988, bem como outros princípios relevantes. Dito de outro modo, é:

> *indissociável a relação entre dignidade da pessoa e os direitos fundamentais, mesmo que nas ordens normativas onde a dignidade ainda não mereceu referência expressa, não se poderá – apenas a partir deste dado – concluir que não se faça presente na condição de valor informador de toda a ordem jurídica, desde que nesta estejam reconhecidos e assegurados os direitos fundamentais inerentes à pessoa humana*[18].

Ressalta Ingo W. Sarlet que:

> *Assim, sem adentramos, ainda, o problema do significado que se pode hoje atribuir à dignidade da pessoa humana, cumpre ressaltar, de início, que a ideia do valor intrínseco da pessoa humana deita raízes já no pensamento clássico e no ideário cristão*[19].

17 **Responsabilidade Social, Inclusão e Sustentabilidade: vértices empresariais dos Direitos Fundamentais**. In: CANEZIN, C. C. (Coord.). **Arte Jurídica**. Curitiba: Juruá, 2004.

18 SARLET, Ingo W. **Dignidade da Pessoa Humana e Direitos Fundamentais: na Constituição Federal de 1988**. 4. ed. rev. atual. Porto Alegre: Livraria do Advogado, 2006, p. 84.

19 Op. cit., p. 29.

Acentua Daniel Sarmento que:

> *O princípio da dignidade exprime, por outro lado, a primazia da pessoa humana sobre o Estado. A consagração do princípio importa no reconhecimento de que a pessoa é o fim, e o Estado não mais do que um meio para a garantia e promoção dos seus direitos fundamentais*[20].

Ainda, para Immanuel Kant, citado por Sarlet,

> *Quando uma coisa tem um preço, pode pôr-se em vez dela qualquer outra como equivalente; mas quando uma coisa está acima de todo o preço, e portanto não permite equivalente, então tem ela dignidade...Essa apreciação dá pois a conhecer como dignidade o valor de uma tal disposição de espírito e põe-na infinitamente acima de todo o preço. Nunca ela poderia ser posta em cálculo ou confronto com qualquer coisa que tivesse um preço, sem de qualquer modo ferir sua santidade*[21].

Pondera Carlyle Popp:

> *Toda a razão da existência da sociedade, da organização do Estado, das preocupações com toda a gama de direitos e deveres, inclusive nos chamados direitos difusos, com a proteção do meio ambiente, resume-se na pessoa humana. É por causa dela que todas estas relações têm alguma razão de ser*[22].

Prossegue, afirmando:

> *Dignidade da pessoa humana não indica somente um dever do Estado, um conteúdo social-programático, mas sim, um norte interpretativo de todo o sistema jurídico, constitucional ou in-*

20 **Direitos fundamentais e relações privadas**. 2ª edição. Rio de Janeiro: Lumen Juris, 2006, p. 87.

21 Apud – SARLET, Ingo W. Op. cit., p. 33.

22 Apud – CLARO, Carlos R. **Recuperação judicial: sustentabilidade e função social da empresa**. São Paulo: LTr, 2009, p. 32.

> *fraconstitucional. Em resumo, não é suficiente para um Estado Democrático de Direito somente ratificar o direito do homem de ser homem, mas, também, conceder instrumentos para preservar sua humanidade* [23].

Ingo Sarlet escreve a respeito da importância de tal princípio constitucional, fazendo constar:

> *De modo todo especial, o princípio da dignidade da pessoa humana - como, de resto, os demais princípios fundamentais insculpidos em nossa Carta Magna - acaba por servir de referencial inarredável no âmbito da indispensável hierarquização axiológica inerente ao processo hermenêutico-sistemático, não esquecendo – e aqui adotamos a preciosa lição de Juarez Freitas -que toda a interpretação ou é sistemática ou não é interpretação*[24].

Considerando os termos da Lei 11.101/05, possível afirmar que o princípio constitucional da dignidade da pessoa humana há de ser observado também no contexto da insolvência empresarial, quer se coloque em relevo a falência, quer se trate da recuperação judicial ou extrajudicial.

Relaciona-se o princípio, pois, a vários agentes envolvidos tanto na falência quanto na reestruturação empresarial, tais como: credores trabalhistas, quirografários etc., sócio/acionista de entidade sob regime recuperatório ou falimentar, colaboradores da empresa sob regime de recuperação e da entidade falida e assim por diante.

Destaque-se desde logo que, no âmbito da falência, colaboradores da entidade falida não são os primeiros a receber seus créditos [art. 83], em caso de venda de ativos e aporte de recursos financeiros na conta bancária da massa falida.

Primeiro há o pagamento dos créditos extraconcursais, por força do art. 84 da lei de regência, de modo que os credores da entidade falida não recebem de imediato. Os credores da massa falida e reivindicantes, havendo recursos financeiros em caixa, recebem antes.

---

23 CLARO, Carlos R. Op., cit., p. 32.

24 Op. cit., p. 80.

Dito de outra forma, a hierarquia estabelecida no art. 83 trata dos créditos relacionados na falência, ou seja, são as dívidas (sentido amplo da palavra) contraídas pela pessoa jurídica falida, dívidas essas não relacionadas à massa falida.

Nem sempre há ativos arrecadáveis [falência frustrada], o que significa ausência de quitação das dívidas extraconcursais.

Em situação tal [e não apenas quando evidenciada a ausência de ativos], caberá ao administrador judicial analisar os atos praticados pelos gestores empresariais ao tempo do período suspeito e termo legal da falência.

Detectando algum ato irregular (eventuais atos fraudulentos e ineficazes em relação à massa falida (Lei 11.101/05, arts. 129 e 130)[25], é dever seu agir imediatamente, sob pena de responsabilização pessoal, por prejuízos aos credores, ao processo e ao próprio Estado, em última análise.

Havendo dinheiro em caixa o administrador judicial, sob autorização expressa do juiz, tem o dever legal de pagar as dívidas formalizadas após a constituição da massa falida, bem como cumprir decisões judiciais relativas a valores devidos a título de restituição de bens, devidos aos terceiros, reivindicantes, que não ostentam a qualidade de credores.

São justamente estes os créditos de natureza extraconcursal, previstos no art. 84 da lei [com redação em 2020].

Dito de outro modo, a prioridade de pagamento é das dívidas constituídas após a abertura judicial de falência e aquelas objeto de pedido de restituição.

A hierarquia de credores prevista no art. 83 da Lei 11.101/05 não é observada em primeiro lugar. Isso porque cabe observar, antes, as regras contidas nos artigos 84, na exata sequência ali estabelecida.

Portanto, na medida em que exista disponibilidade em caixa, é obrigação do administrador judicial prontamente pagar as dívidas da massa falida, com estrita observância das regras legais, sob pena de responsabilização pessoal, por ato omissivo e prejuízo aos credores (ao devedor e ao próprio processo de falência como um todo), reitere-se, por importante.

---

25 Sobre o tema: CLARO, Carlos R. **Falência: ineficácia e revogação de ato no processo falimentar**. 2ª edição. Curitiba: Juruá, 2020.

No âmbito da reestruturação judicial as questões são alteradas, até porque não existe, de certa forma, "hierarquia" entre credores das classes, adstritos ao plano de reestruturação.

Considerando a regra contida no art. 47, por exemplo, a mantença do emprego dos trabalhadores da pessoa jurídica, sob regime recuperatório, tem estreita ligação com o princípio da dignidade da pessoa humana, de acordo com o exposto.

Um dos objetivos da Lei 11.101/05 é justamente manter a atividade econômica em operação e, por consequência, os empregos, sem dispensa dos trabalhadores, que colaboram para mantença da empresa no mercado.

Por outro lado, na regra do art. 54 e seus parágrafos - que trata da prioridade no pagamento das dívidas trabalhistas - há observância do princípio da dignidade da pessoa humana.

Os credores trabalhistas e por acidente de trabalhos, que fazem parte da classe I, prevista no art. 41, ao votarem, o fazem com base no total do seu crédito, independentemente do valor.

A forma de votação não é a mesma em relação aos titulares de créditos com garantia real, que votam na classe II, pelo valor do bem alienado e na classe III, pelo restante do valor de seu crédito.

Por outro lado, há a necessidade de observância do princípio da dignidade da pessoa humana quando da elaboração do plano de reestruturação, até por disposição legal. De fato,

> *Há de ser respeitada, primordialmente, a dignidade do trabalhador, aquele que ajudou e ajuda a entidade a buscar lucros (não se olvide que o mundo está em período de globalização capitalista, e o fim primordial do empresário, mais do que nunca, é o lucro), e, deixando de receber os valores que lhe são legitimamente devidos, poderá (em tese) este mesmo trabalhador deixar de lado (não por vontade própria) algumas necessidades básicas.*
>
> *[...]*
>
> *A impossibilidade de prover a subsistência básica do trabalhador, somada ao fato de que o não pagamento de valores devidos, e que devem ser pagos, já que legítimos, segundo consta expressamente do artigo 54, poderá acarretar ao trabalhador*

> *uma existência indigna, certamente que se está a afrontar de morte o princípio constitucional ora analisado*[26].

Por fim, no âmbito do regime recuperatório extrajudicial, conforme art. 161, §1º, a sujeição dos credores trabalhistas e por acidente de trabalho exigirá prévia negociação coletiva com o sindicado da respectiva categoria profissional.

Tal negociação se pode traduzir como certa segurança aos trabalhadores da entidade em crise, que recebem informações de tal sindicado.

De uma forma ou de outra, respeita-se o princípio da dignidade da pessoa humana, diferentemente das disposições legais referentes à falência, por força da hierarquia estabelecida na lei [há limitação do crédito prioritário trabalhista e créditos equiparados – art. 83, inc. I].

Aliás, os créditos trabalhistas são limitados a 150 salários-mínimos, mas aqueles relativos a acidente de trabalho estão fora deste teto.

1.2.2. Livre iniciativa

O princípio da livre iniciativa está previsto no art. 1º, inc. IV e art. 170, caput, da Constituição Federal, sendo importante escrever algumas palavras a seu respeito, porquanto, relacionado à atividade empresarial.

Pertence à ordem econômica e financeira, sendo que a livre iniciativa está ligada diretamente ao modo de produção capitalista, ao qual o Brasil se filiou mais especialmente a partir de 1988.

Tal princípio tem ligação direta com a economia de mercado (neoliberalismo e globalização da economia, conforme Eros R. Grau), o qual possui racionalidade formal, imperando princípios que devem ser observados por todos os agentes econômicos que nele atuam.

Acentua Luiz Osório Moraes Panza:

> *Com a entrada em vigor da nossa nova Constituição da República, no ano de 1988, novos ares começaram a soprar por sobre o país. No campo econômico regras sobre a autonomia da vontade, liberdade empresarial, preservação empresarial,*

26 CLARO, Carlos R. **Recuperação judicial: sustentabilidade e função social da empresa**. São Paulo: LTr Editora, 2009, p. 35.

> *função social da empresa, interesse público nas relações contratuais, etc., passaram a ser um marco divisor de águas de uma nova tendência sócio/econômica, profissionalizando tais relações. O caráter neoliberal é uma realidade e a visão normativa busca preservar atividades, mantendo empregos e respeitando credores*[27].

Prossegue o doutrinador:

> *Conforme mencionado anteriormente, anova visão normativa da Constituição Federal buscou trazer concepção de neoliberalismo, ou seja, autonomia de vontade entre as partes e pouca participação do Estado. O que acresce ainda é uma visão de responsabilidade sócio/econômica, permitindo-se agora que os atores possam promover discussões e acordos, muitas vezes sob a supervisão do Poder Judiciário*[28].

Sempre há de considerar as finalidades social da atividade econômica desenvolvida, mantendo-se a sustentabilidade - visando a preservação no mercado -, a função social (quanto possível, de acordo com o que será exposto) e o caráter ético e de boa-fé objetiva nas operações mercantis.

Não se olvide, por fim, do lucro buscado por todos os que exercem atividade econômica privada.

Aliás, sobre o lucro, escreve Michel de Montaigne:

> *O ateniense Dêmades condenou um homem de sua cidade que tinha por ofício vender as coisas necessárias para os enterros, sob a alegação de que exigia um lucro excessivo e esse lucro não lhe podia vir sem a morte de muitas pessoas. Tal julgamento parecer estar mal pronunciado, na medida em que não se obtém benefício algum a não ser com prejuízo de outrem, e que dessa maneira seria preciso condenar toda espécie de ganho [...] E o*

27 **Recuperação extrajudicial: uma releitura para a valorização de um instituto neoliberal**. In – ABRÃO, Carlos H.; CANTO, Jorge L. L. do; LUCON, Paulo H. dos S. **Moderno direito concursal: análise plural das Leis nº 11.101/05 e nº 14.112/202**. São Paulo: Quartier Latin, 2021, p. 101.

28 Op. cit., p. 104.

> *que é pior: cada um sonde dentre de si mesmo, e descobrirá que a maioria de nossos desejos íntimos nascem e se alimentam às expensas de outrem*[29].

Destaque-se, por pertinente, que o mercado competitivo tem suas regras próprias, sua racionalidade formal, exigindo cálculo econômico, estabilidade, regularidade, previsibilidade, constância e segurança daqueles que nele operam, consoante ensinamentos de Max Weber e Eros R. Grau.

Todas essas exigências, de uma forma ou de outra, têm ligação estreita com a falência e a reorganização empresarial.

No âmbito empresarial [liberdade econômica], é exatamente disso que trata o item.

A propósito: STF, ADI n. 1.950-3-SP, relator Min. Eros Grau, julg. 03/11/2005. Consta do acórdão:

> *É certo que a ordem econômica na Constituição de 1.988 define opção por um sistema capitalista, no qual joga um papel primordial a livre iniciativa. Essa circunstancia não legitima, no entanto, a assertiva de que o Estado só intervirá na economia em situações excepcionais. Muito pelo contrário.*
> *A ordem econômica ou Constituição econômica pode ser definida, enquanto parcela da ordem jurídica, mundo do dever ser, como sistema de normas que define, institucionalmente, determinado modo de produção econômica. A ordem econômica diretiva contemplada na Constituição de 1.988 propõe a transformação do mundo do ser [...] No caso, se de um lado a Constituição assegura a livre iniciativa, de outro determina ao Estado a adoção de todas as providencias tendentes a garantir o efetivo exercício do direito à educação, à cultura e ao desporto [...] Ora, na composição entre esses princípios e regras há de ser preservado o interesse da coletividade, interesse público primário. A superação da oposição entre os desígnios de lucro e de acumulação de riqueza da empresa e o direito ao acesso à*

29 **Os ensaios. Volume I**. São Paulo: Martins Fontes, 2002, pp. 159-160.

> *cultura, ao esporte e ao lazer, como meio de complementar a formação dos estudantes, não apresenta maiores dificuldades*[30]

Por outro lado, o princípio da livre iniciativa, consagrado na Constituição Federal, tem a ver com a livre concorrência, a liberdade de empreender no mercado competitivo e o direito contribuir para o desenvolvimento econômico da nação, com os retornos financeiros inerentes à atividade.

Aliás, ensina Eros Roberto Grau:

> *Considerada desde a perspectiva substancial, tanto como resistência ao poder, quanto reivindicação por melhores condições de vida (liberdade individual e liberdade social e econômica), descrevo a liberdade como 'sensibilidade' e 'acessibilidade' a alternativas de conduta e de resultado. Pois não se pode entender como livre aquele que nem ao menos sabe de sua possibilidade de reivindicar alternativas de conduta e de comportamento – aí a 'sensibilidade', e não se pode chamar livre, também, aquele ao qual tal acesso é sonegado – aí a 'acessibilidade'* [31].

Zulmar Fachin ensina que há duas dimensões acerca da liberdade:

> *Essa norma merece análise em duas dimensões. Por um lado, a pessoa é livre para escolher a atividade profissional que pretende desenvolver para garantir seu sustento. Por outro, fica afastada qualquer possibilidade de intervenção estatal para escolher a atividade laborar que a pessoa irá desenvolver, o que poderia ocorrer na vigência de um estado totalitário. Nesse aspecto, a Constituição de 1988 tem caráter eminentemente liberal*[32].

---

30 Sobre o tema: CF, art. 173; Lei 13.874/2019. Ainda, observem-se as regras dos arts. 1.126 a 2.233 e arts. 1.134 a 1.141, do Código Civil.

31 **A ordem econômica na Constituição de 1988**. 11ª edição. São Paulo: Malheiros, 2006, p. 201. Destaques no original.

32 **Curso de direito constitucional**. 3ª edição. São Paulo: Método, 2008, pp. 243-244.

Livre iniciativa, por outro lado, implica necessariamente na assunção de riscos, por parte de quem almeja empreender no mercado competitivo.

Sempre deve ter em mente que, caso o agente econômico entre em crise e busque o reerguimento, via judicial, o processo pode desaguar em falência.

Constituir agente econômico implica numa série de riscos, que deverão ser muito bem calculados por quem pretende empreender. Antes de assinar o estatuto ou contrato social, muitas reflexões devem ocorrer por parte daquele que pretende entrar no mercado.

A atividade econômica, desenvolvida pela empresa apresenta variados riscos, inerentes a este mesmo mercado, sujeitando-se a pessoa jurídica às consequências, em caso de insucesso, inclusive podendo falir e ser retirada do mercado.

Nelson Abrão cita Cesare Vivante, para esclarecer o que é empresa:

> *é um organismo econômico que recolhe e põe em prática sistematicamente os fatores necessários para obter um produto destinado à troca, a risco do empresário. A combinação desses vários fatores - natureza, capital e trabalho - é o requisito essencial de toda a empresa*[33].

São os riscos diretamente ligados à atividade econômica organizada. A propósito,

> *É assente a ideia de que o Estado, com mais ênfase a partir da Carta Federal de 1988, incentiva o empreendedor a ingressar no mercado competitivo, mediante a constituição de empresa, por exemplo. Mas este empreendedor deve ter ciência dos riscos inerentes a qualquer atividade econômica após a constituição regular da entidade e ingresso efetivo no mercado competitivo. Sabe-se que de um lado há o princípio constitucional da livre iniciativa, e de outro lado existe o risco próprio do negócio, e o empreendedor, desde a elaboração do contrato social ou mesmo da ata de constituição de uma companhia tem*

33 **Curso de direito falimentar**. 5ª edição. São Paulo: Livraria e Editora Universitária de Direito, 1997, p. 40.

> *inequívoca ciência de que deverá cumprir com suas obrigações, e, descumprindo-as correrá sério risco de ser retirado do mercado*[34].

Acentua Sylvio Marcondes, em sua clássica obra, que:

> *A empresa surge, ao invés, com a produção para o mercado. O artesão tem, quando passa a produzir para o mercado, necessidade de buscar saída para os seus produtos, mas pode não encontra-la. Aparece, então, o elemento que faz nascer, do ofício, a empresa: o risco para o lucro; e o fim da atividade produtiva é o anho pela especulação*[35].

Prossegue o autor:

> *Assume o risco geral da empresa, envolto essencialmente no cálculo dos preços de custo e de venda, e, sendo o móvel de sua atividade o lucro, deverá suportar as perdas, ocasionadas pela má sorte da empresa, ou perceber os resultados de sua boa sorte*[36].

O Estado – a partir da própria Constituição Federal - incentiva o empreendedorismo, até mesmo oferecendo meios e facilitação legal (desburocratização para abertura de pessoas jurídicas; tratamento favorecido às empresas de pequeno porte, constituídas e regidas pelas leis nacionais, com sede no país, por exemplo; simplificação no sistema de recolhimento de tributos).

Entretanto, aquele que constitui um agente econômico e o insere no mercado há de estar ciente de todos os riscos que decorrem da atividade econômica organizada. Há determinadas situações, principalmente fiscais, que não permitem volta.

Em tempos de dificuldades econômico-financeiras, a possibilidade de crise patrimonial irreversível há de ser considerada pelo que empreende.

---

34 CLARO, Carlos R. **Recuperação judicial: sustentabilidade e função social da empresa**. São Paulo: LTr Editora, 2009, p. 49.

35 **Problemas de direito mercantil**. São Paulo: Max Limonad, 1970, p. 2.

36 Op. cit., p. 5.

Sylvio Marcondes assim pondera:

> *Há, indubitavelmente, na concepção de empresa comercial, um substrato econômico, consistente na organização dos fatores da produção, realizada pelo empresário, no sentido da atividade empreendedora, visando à obtenção de lucro e correndo o risco correspondente*[37].

Ao lado da livre iniciativa está o risco da atividade econômica de caráter privado, no exato sentido de não alcançar os objetivos almejados, com a consequente retirada do mercado (por iniciativa própria - baixa em todos os registros e enceramento da atividade - ou via falência).

O empreendedor tem [ou deveria ter] ciência dos efetivos riscos da atuação neste mesmo mercado competitivo e organizado, que possui regras próprias [previsibilidade, calculabilidade, regularidade, constância, estabilidade e segurança, conforme esclarece Eros R. Grau].

O insucesso empresarial pode levar à falência e retirada compulsório do mercado.

Não é por acaso que muitos "empreendedores" resolvem atuar no mercado, com a abertura de uma pessoa jurídica e cerram suas portas em menos de 12 (doze) meses de atuação.

Em determinadas hipóteses são empreendedores sem a mínima experiência, sem lastro financeiro, que correm riscos e acabam por encerrar a atividade ou requerem abertura judicial de falência.

Às vezes não preenchem todos os requisitos para buscar regime recuperatório e a retirada do mercado é o único caminho, porquanto se está diante de insolvência.

Ora, se há o ânimo de lucro, nem sempre reúne as mínimas condições para empreender, ainda mais em tempos de acentuada globalização econômica, onde impera a disputa por espaço, inclusive em mídias eletrônicas.

O exercício habitual e sistemático de terminada atividade econômica, que se traduz no profissionalismo, nem sempre está ao alcance daqueles que almejam empreender e receber lucros.

37 Op. cit., p. 39.

Quem optar por constituir uma pessoa jurídica e ingressar no mercado competitivo, tem ciência (ou deveria ter) quão difícil é manter uma entidade em plena atuação, considerando a pletora de obrigações, inclusive trabalhistas e principalmente fiscais.

Cabe não descuidar de fatores externos e internos que podem comprometer a produtividade empresarial. Não prestar atenção no primeiro sinal de alerta pode dar ensejo à instabilidade da empresa.

Ainda, há o caráter de competitividade da atividade econômica desenvolvida em vários setores da economia globalizada.

Nem sempre os resultados almejados (o lucro, ínsito à atividade econômica privada) são alcançados e o fracasso não tarda a chegar.

O princípio da livre iniciativa está ligado diretamente ao modo de produção capitalista adotado pelo país a partir de 1988.

A liberdade de iniciativa, constante da Constituição Federal, é um princípio do liberalismo econômico, imperante no mundo pós-moderno, globalizado, o qual vive a era da tecnologia da informação, de forma bem acentuada.

Sempre importante transcrever a posição de Eros Roberto Grau sobre o tema:

> *Paradoxalmente, foi sempre o Estado que, entre nós, promoveu, suportando o seu custo, inovações empresariais. Neste sentido, o Estado brasileiro caracterizou-se como 'schumpeteriano'. Basta lembrarmos, aqui, os movimentos de criação de empresas estatais no governo Getúlio (década de 40 do século passado) e durante a ditadura militar (segunda metade da década de 60), além do desenvolvimento do governo Juscelino Kubitschek e do papel do BNDES e de outras agências e sociedades governamentais, como a EMBRAPA*[38].

Cabe ao empresário e à sociedade empresária, cientes do risco de empreender, a busca pela inovação; empreender em piso sólido, sem aventuras, considerando, também suas responsabilidades, inclusive sociais.

38 **A ordem econômica na Constituição de 1988**. 11ª edição. São Paulo: Malheiros, 2006, p. 47. Destaque no original da obra.

Por fim, quanto ao lucro, pondera Francisco Cardozo Oliveira:

> *O lucro na atividade empresarial, todavia, embora reduzido a uma expressão numérica, não tem natureza estritamente matemática. A contabilidade de partida dobrada não quantifica de uma forma neutra e exata a alocação racional de recursos materiais e humanos. O que ela quantifica é o resultado de uma determinada estrutura social de geração de riqueza, mais especificamente, do modelo de economia capitalista*[39].

Prossegue o pensador:

> *O lucro, por sua vez, não é expressão de um modelo matemático. É medida sociojurídica da produção de bens e riqueza numa determinada realidade econômica e social*[40]

Portanto, empreender significa correr vários riscos, inclusive de ser retirado do mercado competitivo, diante da patologia da insolvência irremediável.

1.2.3. Propriedade privada

O direito [fundamental] de propriedade é consagrado pela Constituição Federal (art. 5º, inc. XXII e art. 170, inc. II). Escreve José Afonso da Silva:

> *Os juristas brasileiros, privatistas e publicistas, concebem o regime jurídico da propriedade privada como subordinado ao Direito Civil, considerado direito real fundamental. Olvidam as regras de Direito Público, especialmente de Direito Constitucional, que igualmente disciplinam a propriedade. Confunde o princípio da função social com as limitações de polícia, como consistente apenas no 'conjunto de condições que se impõe ao direito de propriedade a fim*

39 **Uma nova racionalidade administrativa empresarial**. In: GEVAERD, J.; TONIN, M. M. (Coord.). **Direito Empresarial & Cidadania: questões contemporâneas**. Curitiba: Juruá, 2004. pp. 117.

40 Op. cit., p. 118.

de seu exercício não prejudique o interesse social', isto é, mero conjunto de condições limitativas[41].

Prossegue o autor:

Em verdade, a Constituição assegura o direito de propriedade, mas não só isso, pois, como assinalamos, estabelece também seu regime fundamental, de tal sorte que o Direito Civil não disciplina a propriedade, mas tão-somente as 'relações civis' a ela referentes. Assim, só valem no âmbito das relações civis as disposições do Código Civil que estabelecem as faculdades de 'usar, gozar e dispor de bens (art. 524), a 'plenitude da propriedade (art. 525), o caráter 'exclusivo e ilimitado' (art. 527) etc., assim mesmo com delimitações e condicionamentos que das normas constitucionais defluem para a estrutura do direito de propriedade em geral[42].

O direito de propriedade está regulado no Código Civil a partir do art. 1.228 e no Estatuto da Terra, em seu art. 12, consta:

à propriedade privada da terra cabe intrinsecamente uma função social e seu uso é condicionado ao bem-estar coletivo previsto na Constituição Federal e caracterizado nesta Lei.

Ensina Francisco Cardozo Oliveira:

No Brasil, de modo geral, a doutrina tradicional conceitua a propriedade e, consequentemente, o direito de propriedade a partir do conteúdo de lei positiva integrante do ordenamento jurídico. Com essa prática, evita-se identificar os elementos históricos e socioeconômicos co-envolvidos no conceito e fica facilitada a doação de abordagem formalista do fenômeno da propriedade[43].

41 **Curso direito Constitucional positivo**. 20ª edição. São Paulo: Malheiros, 2002, pp. 271-272. Destaque no original.

42 Op. cit., p. 272. Destaques na obra. O autor se refere aos dispositivos do Código Civil anterior.

43 **Hermenêutica e tutela da posse e da propriedade**. Rio de Janeiro: Forense, 2006, p. 113.

A propriedade é conceituada pelo mesmo autor:

> *A propriedade compreende a apropriação individual ou coletiva de coisas. A apropriação que integra a propriedade tem natureza social e econômica. Mesmo que a apropriação de coisas ocorra por ato individual, ela apenas se torna possível em sociedade e a partir da existência de relações sociais. O pressuposto da apropriação é a existência do outro. É pela presença do outro que é medida a disponibilidade da coisa par apropriação. Algo que é permanentemente disponível não exige apropriação. Com a limitação da disponibilidade, faz-se necessária a apropriação*[44].

De fato, qual explica Francisco Cardozo Oliveira em sua obra,

> *as exigências sociais colocadas pela modernidade impuseram o abrandamento do conteúdo absoluto da propriedade de forma a propiciar a adaptação do instituto às incessantes mudanças da realidade histórica. Não é mais possível considerar a propriedade fora do contexto social e histórico ou definir-lhe a essência por meio do conceito e da abstração. A configuração da propriedade surge à luz dos elementos da situação proprietária concreta. Gustavo Tepedino afirma que se chegou a uma noção pluralista de propriedade regulada a partir de um determinado ordenamento positivo*[45].

De fato, em consonância com as regras civis, dentre outras, o direito de propriedade tem evidentes limitações constitucionais e infralegais [no caso de desapropriação ou quando requisitada a propriedade, diante de perigo público iminente].

O direito de propriedade não é, destarte, um direito absoluto em relação a coisa pertencente à pessoa [Teoria Social da Propriedade].

44 Op. cit., p. 115.

45 Op. cit., p. 114.

Acentua Francisco Cardozo Oliveira:

> *A propriedade privada na ordem econômica constitucional não tem o caráter individualista e absoluto, defendido pelo liberalismo econômico, que se refletiu na codificação do direito privado no século XIX. A Constituição não trata da figura da propriedade surgida na modernidade...*[46]

Ainda, deve ter em mente suas finalidades de cunho econômico e social, preservando-se o meio ambiente.

Impende destacar que no âmbito do processo de falência, com a abertura judicial desta, via sentença, o falido imediatamente perde a disponibilidade sobre todos os bens (não mais poderá administrar seu patrimônio, por força do art. 103 da Lei 11.101/05). Mantém a efetiva propriedade sobre os ativos arrecadados.

Com a formação da massa falida, que decorre justamente da sentença que retira do devedor do mercado, o devedor terá a posse indireta, mantendo a propriedade dos bens até que haja alienação judicial.

Por outro lado, a massa falida só detém a posse direta sobre todos os ativos arrecadados., nada mais[47]. O administrador judicial nomeado é responsável direito por todos os bens que compõem o acervo da massa falida objetiva (art. 108, §1º, Lei 11.101/05).

No âmbito da recuperação judicial e da recuperação extrajudicial, a entidade recuperanda mantém a posse direta e a propriedade dos ativos, com a proibição prevista no art. 66 da Lei 11.101/05.

O administrador judicial, dentre outras, tem a função de fiscalização da atividade econômica exercida pelo devedor sob regime recuperatório.

---

46 **Uma nova racionalidade administrativa empresarial**. In - GEVAER, Jair, TONIN, Marta M. (coord.). **Direito empresarial & cidadania: questões contemporâneas**. Curitiba: Juruá, 2004, p. 118.

47 Sobre o tema: CLARO, Carlos R. **A propriedade e a administração dos bens na falência**. Porto Alegre: Revista do Ministério Público do Rio Grande do Sul, n. 66, maio 2010 – ago2010, pp. 121-152.

1.2.4. Função social da propriedade

Antes de se escrever a respeito a função social da propriedade, faz-se necessário entender o significado da palavra "função".

Colhe-se do Dicionário Houaiss, "função" é a *atividade natural ou característica de algo, obrigação a cumprir, papel a desempenhar pelo indivíduo ou instituição*[48].

José J. Calmon de Passos explica:

> *tudo quanto existe, existe para alguma finalidade, no sentido de que tudo quanto existe está associado a consequências de que é causa ou pressuposto e lhe revele a 'função'. Os seres da natureza cumprem funções que lhe são inerentes e necessárias, ditadas por algo a que emprestamos os atributos do divino ou buscamos explicar rejeitando toda e qualquer metafísica. O homem, entretanto, por força de sua especificidade - ser não absolutamente determinado - ultrapassa esses limites e pode se imputar funções ou estas lhe podem ser imputadas, com vista a objetivos que lhe são propostos socialmente*[49].

O princípio da função social da propriedade está prevista no art. 170, inc. III (ainda, art. 184, *caput*), que se insere na Ordem Econômica e Financeira.

Há de se observar os princípios gerais da atividade econômica organizada, constantes do art. 170, *caput*, da Constituição Federal.

Dito de outro modo, a ordem econômica funda-se na valorização do trabalho humano, somado à livre inciativa de empreender, cabendo assegurar existência digna de todos.

A Constituição Federal de 1988 apresentou novas e importantes diretrizes quanto à ordem econômica, dela constando princípios fundamentais que hão de ser observados por todos, inclusive pelos que desenvolvem atividade econômica organizada no âmbito privado.

48 **Dicionário Houaiss da Língua Portuguesa**. Rio de Janeiro: Editora Objetiva, 2001, p. 1402, 1ª coluna.

49 **Função social do processo**. Revista Forense, vol. 343, p. 85

Ressalte-se que o princípio também consta do art. 5º, inc. XXIII, enquanto que o direito de propriedade está no inc. XXII do mesmo enunciado legal.

Não se descuide que a Lei 4.504/194 (Estatuto da Terra), ao tratar da propriedade rural, dispõe que:

> *Art. 2º. É assegurada a todos a oportunidade de acesso à propriedade da terra, condicionada pela sua função social, na forma prevista nesta Lei.*
> *§ 1° A propriedade da terra desempenha integralmente a sua função social quando, simultaneamente:*
> *a) favorece o bem-estar dos proprietários e dos trabalhadores que nela labutam, assim como de suas famílias;*
> *b) mantém níveis satisfatórios de produtividade;*
> *c) assegura a conservação dos recursos naturais;*
> *d) observa as disposições legais que regulam as justas relações de trabalho entre os que a possuem e a cultivem.*

A propriedade há de cumprir sua função econômico-social [função e propriedade estão juntas], sendo certo que o Código Civil, em seu art. 1.228, §1º, enfatiza que:

> *o direito de propriedade deve ser exercido em consonância com as suas finalidades econômicas e sociais e de modo que sejam preservados, de conformidade com o estabelecido em lei especial, a flora, a fauna, as belezas naturais, o equilíbrio ecológico e o patrimônio histórico e artístico, bem como evitada a poluição do ar e das águas.*

Por sua vez, consta do art. 2.035, parágrafo único, do mesmo Código:

> *Parágrafo único. Nenhuma convenção prevalecerá se contrariar preceitos de ordem pública, tais como os estabelecidos por este Código para assegurar a função social da propriedade e dos contratos.*

No entendimento de Francisco Cardozo Oliveira:

> *Ainda que seja controvertida a possibilidade de se pensar a funcionalização da atividade empresarial, não deixa de ser viável,*

> *do ponto de vista jurídico, conceber a idéia de que a empresa, que é forma de exercício do direito de propriedade, carrega da propriedade elementos de função social. Esta funcionalização se manifesta através da responsabilidade social da empresa pela redução das desigualdades*[50].

E o mesmo autor assevera:

> *No ordenamento jurídico brasileiro, pelo menos a partir da Constituição de 1988, já não é mais possível isolar a propriedade de sua função social, de forma a reconhecer um suposto núcleo conceitual infenso à funcionalização. A função social penetra a estrutura do direito de propriedade de forma a que o exercício dos poderes proprietários não diz respeito apenas à relação do proprietário com a coisa, mas está subordinado a uma orientação finalística que considera o uso da coisa e a relação social e historicamente situada entre proprietários e não-proprietários*[51].

Por fim,

> *a ideia de função social contempla uma atividade por parte do proprietário tendente a concretizar, na realidade social e histórica, determinando objetivo homogeneizador, integrado à ordem jurídica, que qualifica o modo de apropriação de bens, notadamente, de bens de produção. A função social, todavia, é mais ampla que a função econômica. A funcionalização inscreve na concretude das relações sociais e de produção uma dinâmica que busca realizar objetivos de justiça social. O conteúdo finalístico do direito de propriedade e da posse obriga o proprietário e o possuidor na relação social e jurídica concreta com os não-proprietários e os não-possuidores*[52].

---

50 **Uma nova racionalidade administrativa empresarial**. In: GEVAERD, J.; TONIN, M. M. (Coord.). **Direito Empresarial & Cidadania: questões contemporâneas**. Curitiba: Juruá, 2004. p. 120.

51 **Hermenêutica e Tutela da Posse e da Propriedade**. Rio de Janeiro: Forense, pp. 241-242.

52 Op. cit., pp. 243-244.

A respeito do tema, escreve Zulmar Fachin:

> *A Constituição exige o cumprimento da função social tanto da propriedade urbana quanto da rural. A propriedade rural cumpre sua função social quando atender, simultaneamente, aos seguintes requisitos: a) aproveitamento racional e adequado; b) utilização adequada dos recursos naturais disponíveis a preservação do meio ambiente; c) observância das disposições que regulam as relações de trabalho; d) exploração que favoreça o bem-estar dos proprietários e dos trabalhadores (art. 186)*[53].

O tema relativo à função social [princípio norteador do direito de propriedade] e sua efetiva prática, não encontra unanimidade na doutrina pátria, existindo ampla discussão a respeito.

Alguns autores se referem a "função social da empresa capitalista", que somente poderá observar tal princípio caso o agente econômico, de fato, reúna condições mínimas para tanto:

> *De um lado, os pensadores esposam o entendimento de que existe a função social da empresa, embasando seus assertos justamente na Constituição Federal, quando trata da função social da propriedade; e de outro lado, há pensadores que entendem que em função social da empresa não se pode falar, no rigor da terminologia adotada*[54].

Prossegue o autor:

> *Pode-se afirmar que o princípio da função social da empresa é um importante corolário lógico do princípio da função social da propriedade privada, e este, se no passado recente era compreendido como direito absoluto, a Constituição Federal apresentou limitadores, que tem, sem dúvida, um viés social, impondo restrições à livre disposição da propriedade. Op. cit., p. 190. Por fim: Mas existem doutrinadores que se posicionam de forma oposta neste debate constitucional e por que não di-*

53 Op. cit., p. 272.

54 CLARO, Carlos R. Claro. **Recuperação judicial: sustentabilidade e função social da empresa.** Op. cit., p. 189.

> *zer ideológico. Entende Comparato (1995) que 'cabe evitar contrassenso e há de se estabelecer as distinções e precisões fundamentais. Para o mesmo Comparato (1995), defender a função social da propriedade, sem especificações maiores, pode ser e tem sido um argumento valioso para a sustentação do status quo social em matéria de regime agrário e de exploração empresarial capitalista. E alhures adverte o mesmo autor que o desenvolvimento da atividade econômica se traduz em poder-dever, com o respeito a certos limites estabelecidos pela lei (COMPARATO, 1996)*[55].

O pensamento esposado por Jair Gevaerd:

> *Existe, pois e na verdade, uma 'função da empresa capitalista, que, a depender (i) do balanço de poder existente entre os estamentos sociais envolvidos nas relações produtivas, e, (ii) das categorias jurídicas que presidem a apropriação, troca e circulação de riquezas, estará ou não 'apta' a distribuir, pelo sistema jurídico da propriedade (estrutural) e dos contratos e obrigações (fisiológicos), mais (ou menos) benefícios, para maior (ou menor) contingente de destinatários*[56].

Por fim, visando a reiterar sua posição acerca da função social da empresa, escreve o autor:

> *Interessante notar que Lélio Lauretti, Professor de Ética Empresarial nos cursos do IBGC - Instituto Brasileiro de Governança Corporativa, afirma serem 'economicamente bem sucedidas' constitui uma pré-condição para que as empresas possam ter uma participação decisiva no terreno da ação social. Diz mais, e no mesmo sentido, que as empresas cronica-*

55 Op. cit., p. 191.

56 **Responsabilidade social, inclusão e sustentabilidade: vértices empresariais dos direitos fundamentais**. In – CANEZIN, Claudete C. (coord.). **Arte jurídica. Vol. I**. Curitiba: Juruá Editora, 2004, p. 195. Destaques no original.

> *mente deficitárias exercem uma 'disfunção social', ou 'antítese do que desejamos como seu papel*[57]

Disserta Manoel Gonçalves Ferreira Filho:

> *É preciso sublinhar, porém, que o desenvolvimento não é um fim em si mas um simples meio para o bem-estar geral. Dessa forma, tem ele de ser razoavelmente dosado para que não sejam impostos a alguns, ou mesmo a toda uma geração, sacrifícios sobre-humanos, cujo resultado somente beneficiará as gerações futuras, o que só servirão para a ostentação de potencia do Estado*[58]

Não obstante abalizado entendimento de juristas no sentido de que a empresa capitalista tem função social, é importante considerar determinado detalhe.

Seu equilíbrio no mercado (sustentabilidade [ou seja, atuação regular da atividade econômica e retorno do que se investiu]) é indispensável.

Traduz-se em verdadeira pré-condição, por assim dizer, a fim de que possa contribuir de forma efetiva visando o desenvolvimento econômico da nação, mantendo-se no mercado competitivo.

Só assim a empresa poderá colocar em prática a necessária e indispensável função social, quer-se crer.

Esta função social pressupõe a regularidade da diária atuação empresarial no mercado. Dificilmente um agente econômico em crise econômico-financeira ou mesmo patrimonial conseguiria pôr em prática a função social.

Pondera Jair Gevaerd:

> *Viu-se que o Direito Mercantil e Societário cumpre papel de superestrutura no modo de produção capitalista, no sentido preconizado por MARX. Aliás, boa parte da presente obra incumbe-se de demonstrar o quanto se afirma. No mesmo sentido, já está sedimentado, na obra, que a sociedade comercial desempenha função essencial para o tráfico mercantil.*

---

57 Op. cit., p. 202. Destaques no original.

58 **Curso de Direito Constitucional**. 32ª edição. São Paulo: Saraiva, 2006, p. 358.

> *Logo, não há como considera-la sem atenção – ontológica, metodológica e deontologicamente – à funcionalidade que lhe outorga personalidade e razão de ser. A própria enunciação do art. 170 da Constituição Federal implica reconhecimento deste viés funcional, sendo que dele decorrem, em umbilical implicação recíproca, os princípios da (i) separação patrimonial por destinação funcional ou incorporação de patrimônio autônomo, (ii) efetividade e (iii) organização*[59].

Entende Eros R. Grau:

> *Deveras, esta – a 'propriedade dotada de função social' – justifica-se, como vimos, pelos seus 'fins', seus 'serviços', sua 'função', é justamente sua 'função' que a legitima.*
> *Assim, se a partir deste ponto deixarmos fluir coerentemente o raciocínio, forçosamente concluiremos que a propriedade dotada de função, que não esteja a cumpri-la, já não será mais objeto de proteção jurídica. Ou seja, já não haverá mais fundamento jurídico a atribuir direito de propriedade ao titular do bem (propriedade) que não está a cumprir sua função social. Em outros termos: já não há mais, no caso, bem que possa, juridicamente, ser objeto de direito de propriedade.*
> *Logo – sigo pelo caminho de raciocínio, coerentemente – não há, na hipótese, de propriedade que não cumpre sua função social, 'propriedade' desapropriável. Pois é evidente que só se pode desapropriar a propriedade; onde ela não existe, não há o que desapropriar*[60].

A própria enunciação do art. 170 da Constituição Federal implica reconhecimento deste viés funcional, sendo que dele decorrem, em umbilical implicação recíproca, os princípios da:

(i) Separação patrimonial por destinação funcional ou incorporação de patrimônio autônomo,

(ii) Efetividade e

(iii) Organização

59 **Direito societário. : teoria e prática da função. Volume II**. Curitiba: Gênesis, 2001, p. 300.

60 **A ordem econômica na Constituição de 1988**. 11ª edição. São Paulo: Malheiros, 2006, p. 346. Destaques no original.

Sem estabilidade, equilíbrio no mercado, não há falar em função social da empresa [capitalista] e essa impressão parece, salvo engano, estar em sintonia com a realidade econômica.

Por mais que inexista consenso quanto ao tema, entende-se que a função social é realmente fundamental para o desenvolvimento da economia nacional e da própria sociedade organizada.

Para que se a cumpra tal função social, há necessidade de convergência de vários fatores, inclusive estabilidade empresarial perante o mercado e desenvolvimento regular, contínuo, da atividade econômica, com a obtenção de lucro e, por fim, a reprodutividade.

Nessa esteira, ensina Jair Gevaerd:

> *Se a instituição via, em regra, à permanência – na exata medida em que o objeto social não se compadece de perseguição limitada no tempo – os meios patrimoniais que a suportam (e que possibilitam, precisamente, o atingimento do fim social) não podem estar ao alcance do irrespondível desfrute, seja dos sócios, seja de terceiros*[61].

Consoante esclarece o mesmo autor, há de se ter em mente o fato de que a atividade econômica organizada visa a obtenção de lucro, mas deve haver eficiência, sem descuidar do risco de empreender.

Em havendo "disfunção econômica" - aqui utilizando a feliz expressão adotada por Jair Gevaerd -, tanto em decorrência do processo de falência quanto em função da recuperação judicial, nem sempre poder-se-á falar em função social da empresa, salvo melhor entendimento.

Tal disfunção econômica, consoante ensina Gevaerd,

> *inicia, em regra, quando os incorporadores desprezam princípios essenciais do estabelecimento da empresa, tais como suficiência do aporte, provisão de capital de giro etc., e continua, para além desse momento, quando medidas corretivas, tanto*

61 **Direito societário: teoria e prática da função Volume II**. Curitiba: Genesis, 2001, p. 325.

administrativas quanto econômicas e jurídicas, não são tomadas para reversão da situação anômala[62].

Sem sustentabilidade do agente econômico não há falar em permanência no mercado e muito menos em função social da empresa. O mercado, com base em suas regras e diretrizes, se encarrega de afastar as entidades deficitárias.

Pondera Carlos Roberto Claro:

> *De fato, a sustentabilidade da empresa tem a ver com a prática de atos devidamente planejados, sem ferir o meio ambiente; o mercado no qual atua a entidade; e os interesses da coletividade (sociedade), a fim de que se busque a perenidade empresarial. Destaque-se que cabe à empresa criar de forma ética um novo modelo gestão e que seja capaz, efetivamente, de apresentar ganhos (lucros) aos proprietários e ao mesmo tempo espraie efeitos positivos no âmbito social e ambiental. O desenvolvimento sustentável de uma empresa tem ligação direta com uma postura séria, ética e moral, perante a coletividade, o meio ambiente e o próprio Estado, em última instância*[63].

Ainda,

> *Entende-se, pois, que para falar em sustentabilidade da empresa se torna necessário, antes, verificar se está ela cumprindo suas obrigações de forma ética e moral, contribuindo para o crescimento e desenvolvimento da sociedade de pessoas na qual se insere. A sustentabilidade tem, pois, relação direta e visceral com o cumprimento do objeto social da empresa, que, procurando manter-se no mercado, também busca reproduzir-se com responsabilidade social. Contanto que a empresa cumpra, na medida do possível, com sua responsabilidade social, buscando por exemplo a verdadeira inclusão social dos menos favoreci-*

62 **Responsabilidade Social, Inclusão e Sustentabilidade: vértices empresariais dos Direitos Fundamentais**. In: CANEZIN, C. C. (Coord.). Arte Jurídica. Curitiba: Juruá, 2004, p. 202.

63 **Recuperação judicial: sustentabilidade e função social da empresa**. São Paulo: LTr, 2009, p.188.

> *dos, contribuindo para a erradicação senão total pelo menos de forma parcial da pobreza e da marginalização do ser humano, a teor do artigo 3º, inciso III da Constituição Federal; não aguilhoe o ecossistema e ainda contribua para o crescimento da nação, certamente que obterá sucesso nos seus negócios e ao mesmo tempo contribuirá para o desenvolvimento social-econômico do Brasil*[64].

Para que o agente econômico possa exercer regularmente sua atividade no mercado, precisa cumprir todos os compromissos e ter estabilidade.

Assim, poderá colocar em prática a função social da empresa.

1.2.5. Segurança jurídica

O princípio da segurança jurídica é um dos mais importantes previstos na Constituição Federal e há de ser observado a fim de:

(i) Manter estáveis e consolidadas as relações jurídicas;

(i) Preservação do equilíbrio [preclusão e coisas julgada formal e material] dos processos judicias e procedimentos administrativos, em geral.

Traduz-se em uma das garantias fundamentais do Estado de Direito. Está expresso no art. 5º, inc. XXXVI, sem descuidar que, dentre outras, a Lei 9.784/1999 também o prevê no art. 2º e seu inciso XIII.

Estabelece o art. 926 do CPC que *os tribunais devem uniformizar sua jurisprudência e mantê-la estável, íntegra e coerente,* sendo que o dispositivo tem estreita ligação com o princípio da segurança jurídica.

A regra legal objetiva a assegurar a estabilidade e previsibilidade sobre as consequências jurídicas das decisões judiciais já proferidas.

Em termos de Lei 11.101/05, o princípio visa a estabilidade do processo e que não ocorra o desvirtuamento dos procedimentos, assegurando observância do instituto da preclusão a respeito das decisões judiciais interlocutórias proferidas no âmbito da falência e da reestruturação (judicial e extrajudicial).

64 Op. cit., p. 189.

De acordo com Canotilho,

> *O homem precisa de 'segurança' para conduzir, planificar e conformar autônoma e responsavelmente sua vida. Por isso, desde cedo se consideram os princípios da 'segurança jurídica' e da 'proteção da confiança' como elementos constitutivos do Estado de direito*[65].

Consta do Parecer n. 534/2004, sobre o Projeto de Lei da Câmara, n. 71/2003, parecer esse exarado pela Comissão de Assuntos Econômicos do Senado Federal:

> *Deve-se conferir às normas relativas à falência à recuperação judicial e à recuperação extrajudicial tanta clareza e precisão quanto possível, para evitar que múltiplas possibilidades de interpretação tragam insegurança jurídica aos institutos e, assim, fique prejudicado o planejamento das atividades das empresas e de suas contrapartes*[66].

Ainda, há de imperar a proteção da confiança, de modo que é não pode haver surpresas no curso do processo[67]. Observem-se as regras previstas nos arts. 9º e 10 do Código de Processo Civil.

A propósito, a Lei 4.657/1942, art. 20 se refere às consequências jurídicas (assim como prevê o art. 6º que *a lei em vigor terá efeito imediato e geral, respeitados o ato jurídico perfeito, o direito adquirido e a coisa julgada*)[68].

O princípio da segurança jurídica colabora de forma efetiva para a promoção dos *valores supremos da sociedade, inspirando a edição e a boa aplicação das leis, dos decretos, das portarias, das sentenças, dos atos administrativos etc.*, conforme escreve Roque Antonio Carrazza[69].

---

65 **Direito Constitucional e teoria da Constituição**. 5ª edição. Coimbra: Livraria Almedina, 2002, p. 257. Destaque no original.

66 Apud – CLARO, Carlos R. **Recuperação Judicial: sustentabilidade e função social da empresa**. São Paulo: LTr Editora, 2009, p. 193.

67 *Venire contra factum proprium.*

68 Nessa esteira, observem-se: CF, art. 5º, incisos II, XXXIX e XL.

69 **Curso de Direito Constitucional Tributário**. 12ª edição. São Paulo: Malheiros, 1999, p. 196.

Nessa esteira, Carlos Roberto Claro é no sentido de que:

> *O princípio tem como escopo primeiro apresentar à sociedade a garantia de que atos praticados em determinados momentos ganham status de direitos adquiridos e têm a chancela da coisa julgada*[70].

Em outra obra, escreve o mesmo autor:

> *Pela segurança jurídica os cidadãos têm, apenas e tão-somente em tese, a certeza que determinadas situações jurídicas não poderão (ou não poderiam) ser modificadas. O princípio tem como escopo primeiro apresentar à sociedade a garantia que atos praticados em determinados momentos ganham status de direitos adquiridos e têm a chancela da coisa julgada. Os fatos já consumados, portanto, não poderão ser alterados*[71].

O princípio da segurança jurídica jamais pode ser olvidado na falência e no regime recuperatório (judicial ou extrajudicial) e deve servir como norte a quem pratica atos validos nos processos regidos pela Lei 11.101/05, impondo-se a efetividade do Direito no caso concreto.

1.2.6. Devido processo legal e a desapropriação

O importante princípio do devido processo legal está previsto no art. 5º, incisos LIV e LV da Constituição Federal, sendo que o *due process of law* deita firmes raízes na Magna Carta de 1215 [de 15/07/2015], assinada pelo rei inglês João Sem Terra[72].

---

70 **Revocatória falimentar**. 5ª edição. Curitiba: Juruá Editora, 2015, p. 411.

71 **Recuperação judicial: sustentabilidade e função social da empresa**. Op. cit., p. 194.

72 *Magna Charta Libertatum, seu Concordiam inter regem Johannen at barones pro concessione libertatum ecclesiae et regni angliae* (tradução livre: *Grande Carta das liberdades, ou concórdia entre o rei João e os barões para a outorga das liberdades da Igreja e do rei Inglês*).

Ensina Nelson Nery Junior:

> *o primeiro ordenamento que teria feito menção a esse princípio foi a Magna Charta e João Sem Terra, do ano de 2015, quando se referiu à law of the land (art. 39), sem, ainda, ter mencionado expressamente a locução 'devido processo legal'*[73].

A consagração de tal princípio se deu com as emendas 5ª a 14ª à Constituição dos Estados Unidos da América. Conforme Carlos R. Claro,

> *A primeira, que somente vinculava o governo federal, estabeleceu que ninguém 'será privado da vida, liberdade ou propriedade sem o devido processo legal'. A segunda, já após a guerra civil, estendeu tal regra aos Estados-membros, dispondo que 'nenhum Estado privará qualquer pessoa da vida, liberdade ou propriedade sem o devido processo legal'.*
> *No Brasil, a garantia do devido processo legal tem duplo caráter, como se sabe. O processo se torna, pois, indispensável para a aplicação de qualquer pena ('nulla poena sine judicio'), sendo o devido processo o necessário, valendo a regra para qualquer restrição de direito.*
> *Por outro lado, mas com igual alcance, o processo legal diz respeito ao adequado processo, ou seja, aquele que assegure a necessária e indispensável igualdade das partes litigantes, observância correta dos princípios da bilateralidade de audiência (ou contraditório), e da ampla defesa*[74].

O princípio do devido processo legal tem importantes vertentes. A primeira, em sentido genérico, neste sentido:

> *caracteriza-se pelo trinômio vida-liberdade-propriedade, vale dizer, tem-se o direito de tutela àqueles bens da vida em seu sentido mais amplo e genérico. Tudo o que disser respeito à tu-*

73 **Princípios do processo civil na Constituição Federal**. 8ª edição. São Paulo: Editora Revista dos Tribunais, 2004, p. 61. Grifos no original.

74 **Revocatória Falimentar**, Op. cit., p. 416. Destaques no original.

> *tela da vida, liberdade ou propriedade está sob a tutela da 'due process clause'* [75].

Este sentido genérico, por sua vez, abre duas outras perspectivas; o sentido material [*substantive due process*] e o sentido processual [*procedural due process*].

O primeiro tem estreita ligação com o sentido material e o segundo tutela os direitos no âmbito judicial ou administrativo. A respeito, posiciona-se Luís Roberto Barroso:

> *O princípio do devido processo legal, nos Estados Unidos, é marcado por duas grandes fases: a primeira, onde se revestiu de caráter estritamente processual (procedural due process), e uma segunda, de cunho substantivo (substantive due process), que se tornou fundamento de uma criativo exercício de jurisdição constitucional. De fato, ao lado do princípio da igualdade perante a lei, essa versão substantiva do devido processo legal tornou-se importante instrumento de defesa dos direito individuais, ensejando o controle do arbítrio do Legislativo e da discricionariedade governamental. É por seu intermédio que se procede a um exame de razoabilidade (reasonableness) e de racionalidade (rationality), das normas jurídicas e dos atos do Poder Público em geral*[76].

Consta do art. 5º, inc. XXIV da Constituição Federal que

> *a lei estabelecerá o procedimento para desapropriação por necessidade ou utilidade pública, ou por interesse social, mediante justa e prévia indenização em dinheiro, ressalvados os casos previstos nesta Constituição.*

A desapropriação se traduz em efetivo limitador ao direito de propriedade (art. 1.228, §3º, do Código Civil).

---

75 NERY JUNIOR, Nelson. Op. cit., p. 63. Grifos na obra.

76 **Interpretação e aplicação da Constituição: fundamentos de uma dogmática constitucional transformadora**. 3ª edição. São Paulo: Saraiva, 1999, p. 210. Conforme original.

Dela, a desapropriação promovida pelo Estado, decorre a privação da propriedade, cabendo justa indenização, conforme lei. Na mesma linha, a servidão (art. 1.378, do CC)[77].

Portanto, o direito de propriedade não possui caráter absoluto, por limitações impostas pela lei.

Por sua vez, o Dec.-Lei 3.365/1941 trata das regras relativas à desapropriação por utilidade pública.

Explica José Afonso da Silva que:

> *a desapropriação é a limitação que afeta o 'caráter perpétuo' da propriedade, porque é um meio pelo qual o Poder Público determina a transferência compulsória da propriedade particular, especialmente para o seu patrimônio ou de seus delegados [...]* [78].

A regra do art. 1.228, §3º, do Código Civil é no sentido de que o proprietário poderá ser privado do imóvel em caso de desapropriação por necessidade ou utilidade pública ou interesse social, assim como na hipótese de requisição, em havendo perigo público iminente.

Tendo em conta o dispositivo de natureza constitucional, sendo o caso de desapropriação, com observância dos requisitos legais, deverá haver justa e prévia indenização em dinheiro.

Tal pagamento, em tese, permitirá que o desapropriado reponha em sua esfera patrimonial o valor do bem cuja propriedade lhe foi retirada. A realidade nem sempre acompanha os termos e objetivos traçados pela lei.

Quanto a desapropriação por interesse social cabe observância do art. 5º da Lei 8.629/93. O pagamento será em títulos a dívida agrária; as benfeitorias úteis e necessárias, indenizadas em dinheiro.

A Lei Complementar 76/1993 regula o processo judicial de desapropriação de imóvel rural, por interesse social, para fins de reforma agrária.

Observe-se que no curso do processo poderá o juiz designar audiência para tentativa de conciliação, visando a fixação do justo valor indenizatório.

---

77 Observe-se o Código de Águas - Decreto 24.643/1934.

78 **Curso de direito constitucional**. 20ª edição. São Paulo: Malheiros, 2002, p. 280. Grifos no original.

A perda da propriedade é compensada, por assim dizer, em relação ao seu titular, pagando-se valor compatível com a realidade econômica.

Por outro lado, em não havendo convergência, após o recebimento da defesa sob a forma de contestação, o juiz designará perito a fim de que examine tão somente as questões objeto do laudo de vistoria previsto no art. 5º, inc. IV da lei.

Deste documento consta o valor da terra nua e das benfeitorias indenizáveis, valor esse que pode ser analisado e discutido pelas partes.

Em todas essas questões observa-se que o devido processo legal substantivo e processual é de ser observado para fins de composição do valor a ser pago ao expropriado.

1. 2. 7. Fomento à produção agropecuária e organização do abastecimento alimentar

Estabelece o art. 23, inc. VIII, da Constituição Federal que é competência comum da União, dos Estados, do Distrito Federal e dos Municípios, fomentar a produção agropecuária e organizar o abastecimento alimentar.

A competência é material comum a estes entes da Federação. Salienta José Afonso da Silva:

> *Muitos dos assuntos do setor social, especialmente, referidos antes como competência da União, não lhe cabem com exclusividade. A Constituição abriu a possibilidade de Estados, Distrito Federal e Municípios compartilharem com ela da prestação de serviços nessas matérias, mas, principalmente, destacou um dispositivo (art. 23), onde arrola temas de competência comum*[79].

O dispositivo legal tem estreita ligação com o conteúdo do art. 6º da mesma Constituição Federal. Dentre os direitos sociais está o da alimentação e, consequentemente, vida digna a todos os cidadãos brasileiros.

Destaque-se que o direito à alimentação se traduz em importante direito social. É o maior direito social.

79 **Curso de direito constitucional**. 20ª edição. São Paulo: Malheiros, 2002, p. 499.

Por outro lado, ao fomentar a produção agrícola, o Estado faz com que a propriedade rural cumpra, efetivamente, sua função social (art. 186), de modo que todos os dispositivos constitucionais estão ligados, a fim de que as diretrizes, os propósitos da Constituição Federal sejam cumpridos.

1.2.8. Tratamento favorecido às empresas de pequeno porte

A pequena e microempresa têm importância relevante, fundamental no cenário econômico nacional, por sua contribuição para o crescimento do PIB (Produto Interno Bruto).

Não se descuide da geração de novos postos de trabalho e renda da população [são responsáveis por mais de 50% dos empregos existentes no país].

Colaboram de forma significativa para a redução das desigualdades sociais e absorvem a mão de obra de forma mais abrangente e rápida, abrindo novas possiblidades de empregos.

Em tempos de crise, o empreendedor, não raro, visa a constituir novos negócios ou mesmo incrementar sua atividade econômica, sempre correndo riscos.

Consoante exposto, muitos empreendem sem ter exata compreensão da atividade econômica a ser desenvolvida, se não descuidando da falta de experiência no mercado.

As entidades são grandes geradoras de riquezas no comércio do país, sem descuidar do formidável recolhimento de tributos, também decorrente da prestação de serviços variados à população, por exemplo.

Escreve Belmiro Valverde J. Castor:

> *Ser uma empresa pequena em um universo dominado por grandes corporações não é um pecado original nem uma desgraça sem remédio. As pequenas e as microempresas, aliás, são a regra no universo brasileiro. Das empresas nacionais, 99,2% se enquadram nessas categorias e quase quatorze milhões de pessoas trabalham nelas. Na gigantesca economia informal elas são a maioria absoluta*[80].

80 **Tamanho não é documento: estratégias para a pequena e a microempresa brasileira**. Curitiba: EBEL, 2006, p. 13.

Não obstante a grande importância dos pequenos agentes econômicos para o país, sem descuidar de certas prerrogativas [tratamento favorecido por leis], são as mais são retiradas do mercado, via falência ou encerramento por vontade própria dos titulares.

A Constituição Federal, ao disciplinar a ordem econômica e financeira, estabelece em seu art. 170, inc. IX, que haverá tratamento favorecido para as empresas de pequeno porte constituídas sob as leis do país e que tenham sede e administração no Brasil.

Conforme exposto, a Carta Política de 1988 incentiva o empreendedorismo, a livre iniciativa, o efetivo ingresso no mercado e a livre concorrência dos agentes econômicos.

Por sua vez, a lei concede determinadas prerrogativas à pequena empresa, a fim de que:

(i) Possam ser constituídas sem burocracias;

(ii) Recolham seus tributos de forma simplificada, dentre outras prerrogativas

No Brasil há número considerável de pessoas jurídicas que produzem e prestam serviços, ajudando a fomentar a economia e desenvolvimento da nação.

Também não são poucos os agentes econômicos que acabam sendo retirados do mercado em curto espaço de tempo.

Para tanto, são considerados fatores múltiplos, internos [ausência de capacitação técnica, falta de preparo para empreender e ausência de caixa para honrar obrigações por exemplo], bem como externos [mudança de mercado; produtos obsoletos ou falta de modernização de parque fabril; inadequação da prestação de contas].

A baixa espontânea nos registros perante órgãos próprios ou mesmo a falência têm ocorrido de forma acentuada, mesmo após a pandemia mundial.

Muitos agentes econômicos, mergulhados em crise patrimonial irremediável, acabando se retirando do mercado.

Significa isso dizer que a Lei 11.101/05, por si só não recupera organismo empresarial em crise econômico-financeira.

Destaque-se que a lei é apenas e tão somente um instrumento voltado à tentativa de reerguimento da entidade. Em não sendo possível o soerguimento empresarial - na medida em que insolvente e economicamente inviável -, a falência se impõe.

Conforme se vem expondo, o mercado tem suas regras e a elas aderem os agentes econômicos que visam a empreender e correr riscos.

As empresas de pequeno porte têm relevante papel no desenvolvimento econômico e social do país, mas nem sempre conseguem se manter ativas.

De certa forma, existe proteção a estas entidades, porquanto a regra do art. 179 da Constituição Federal é no sentido de que há de se dispensar a tais empresas um tratamento jurídico diferenciado.

Com isso, ocorre a significativa simplificação das obrigações tributárias, previdenciárias e outras.

Nessa esteira, referidos agentes econômicos têm simplificado procedimento para abertura e fechamento das pessoas jurídicas[81].

A Lei Complementar 123/2006 - que instituiu o estatuto nacional da microempresa e da empresa de pequeno porte -, traz inclusive um regime especial unificado para fins de arrecadação de tributos e contribuições devidos por tais agentes [recolhimento em documento único - art. 21 da lei].

Cabe destacar que a Lei Complementar 123/2006 facilita a participação das micro e pequenas empresas em procedimentos licitatórios, no sentido de que:

> *A comprovação de regularidade fiscal e trabalhista das microempresas e das empresas de pequeno porte somente será exigida para efeito de assinatura do contrato (art. 42).*

Importante consignar que, em caso de empate nas licitações, a preferência de contratação será para as micro e pequenas empresas (art. 44). Há, sem dúvida, tratamento diferenciado em relação a tais pessoas jurídicas, visando a efetiva contratação com o Poder Público.

A lei, de certo modo, lhes favorece.

81 Lei Complementar 123/2006, art. 4º.

O Código Civil, em seu art. 968, §4º estabelece que o processo de abertura e demais procedimentos, inclusive a baixa, terá tratamento especial e simplificado em reação ao microempreendedor individual[82].

Nessa esteira, a regra do art. 970 é no sentido de que *a lei assegurará tratamento favorecido, diferenciado e simplificado ao empresário rural e ao pequeno empresário, quanto à inscrição e aos efeitos daí decorrentes.*

Bem esclarece Alfredo de Assis Gonçalves Neto:

> *Não é de boa técnica legislativa a lei determinar que outra lei de mesma hierarquia disponha sobre algo que a primeira pode dispor. O Código Civil não é constituição nem lei complementar. A redação dessa norma veio com uma emenda legislativa, que lhe tirou todo o sentido*[83].

Em resumo, o Estado incentiva a livre inciativa, o empreendedorismo e a competitividade, havendo regramentos legais específicos a fim que os agentes econômicos sejam constituídos.

1.2.9. Desenvolvimento sustentável e equilíbrio do meio ambiente

O direito de propriedade haverá de ser exercido de acordo com suas finalidades econômicas e sociais, a fim de que ocorra a preservação da flora, da fauna, das belezas naturezas naturais, enfim, que se permita o equilíbrio ecológico e se mantenha o patrimônio histórico e artístico do país.

A função social da empresa passa por todos esses aspectos, sem dúvida.

Mas, para que se possa colocar em prática a função social da empresa capitalista, deve ela estar firme, operando de forma regular no mercado.

Nunca se falou tanto, em tempos pós-modernos e de firme globalização econômica, na preservação do meio ambiente e em atividade econômica sustentável.

---

82 Mesma Lei Complementar 123/2006.

83 **Direito de empresa: comentários aos artigos 966 a 1.195 do Código Civil**. 2ª edição. São Paulo: Revista dos Tribunais, 2008, p. 79.

O momento mundial exige nova visão e muitas reflexões a respeito de importantes questões, inclusive sobre o meio ambiente.

A sustentabilidade da empresa está ligada diretamente à prática de atos planejados, devidamente calculados, consistentes e de acordo com a realidade, sem ferir o meio ambiente, o mercado onde atua o agente econômico e os interesses da sociedade organizada, em última análise.

Escreve Carlos R. Claro a respeito do tema:

> *Destaque-se que cabe à empresa criar de forma ética um novo modelo gestão e que seja capaz, efetivamente, de apresentar ganhos (lucros) aos proprietários e ao mesmo tempo espraie efeitos positivos no âmbito social e ambiental. O desenvolvimento sustentável de uma empresa tem ligação direta com uma postura séria, ética e moral, perante a coletividade, o meio ambiente e o próprio Estado, em última instância*[84].

Acentua Francisco Cardozo Oliveira:

> *Existe, portanto, um compromisso ético-social da empresa com a comunidade que precisa ser mensurado pela contabilidade e traduzido nas taxas de lucros esperados pelos investidores. Este compromisso ético-social, na linha dos interesses não-proprietários envolve diretamente consumidores e trabalhadores e, de forma mais ampla, os membros da comunidade em geral*[85].

Prossegue o mesmo autor:

> *Nesta concepção, as crises financeiras, a devastação do meio ambiente, o crescimento econômico cíclico, o aumento do desemprego e da pobreza, entre outros fatores que repercutem de forma negativa na vida social, são problemas decorrentes de políticas econômicas e financeiras implementadas pelo*

84 **Recuperação judicial: sustentabilidade e função social da empresa**. São Paulo: LTr Editora, 2009, p. 188.

85 **Uma nova racionalidade administrativa empresarial**. In – GEVAER, Jair, TONIN, Marta M. (coord.). **Direito empresarial & cidadania: questões contemporâneas**. Curitiba: Juruá, 2004, p. 122.

> *Estado em prejuízo, inclusive, do desenvolvimento da atividade empresarial*[86].

Em tempos pós-modernos, onde se vive outro estágio do modo capitalista de produção, a empresa deve(ria) implementar nova racionalidade econômica em sua forma de atuar no mercado competitivo, seguindo os padrões éticos e a boa-fé objetiva.

Há de imperar responsabilidade social (sentido amplo do vocábulo), o comprometimento em relação ao mercado, zelando pela sustentabilidade, ínsita à ideia de desenvolvimento.

Cabe colocar em prática a ideia de produção de bens com qualidade e prestação de serviços em conformidade com o que se almeja, visando a permanência da empresa no mercado competitivo.

Caso não reúna os requisitos, certamente dele será retirada [fechamento espontâneo da empresa, com baixa nos registros, ou abertura judicial da falência, por si ou mediante requerimento de legitimados].

Quanto ao equilíbrio do meio ambiente, consta do art. 225 da Constituição Federal:

> *Todos têm direito ao meio ambiente ecologicamente equilibrado, bem de uso comum do povo e essencial à sadia qualidade de vida, impondo-se ao Poder Público e à coletividade o dever de defendê-lo e preservá-lo para as presentes e futuras gerações.*

A respeito:

> *Lei 9.985/2000, que regulamenta o art. 225 da Constituição Federal. Sobre a conservação da natureza, enuncia o art. 2º, inc. II: conservação da natureza: o manejo do uso humano da natureza, compreendendo a preservação, a manutenção, a utilização sustentável, a restauração e a recuperação do ambiente natural, para que possa produzir o maior benefício, em bases sustentáveis, às atuais gerações, mantendo seu potencial de satisfazer as necessidades e aspirações das gerações futuras, e garantindo a sobrevivência dos seres vivos em geral.*

86 Op. cit., p. 115.

2. A EMPRESA E O EMPRESÁRIO. TEORIA DA EMPRESA

Até a edição do atual Código Civil, o país se filiava à Teoria dos Atos de Comércio, do sistema francês [Código Comercial de 1807].

O país estava atrasado quanto ao avanço de legislações mais modernas e, repita-se, muitas empresas foram retiradas do mercado (pedido de falência formulado pelo credor) com base em títulos em valores irrisórios.

Ressalte-se, nessa linha, que o Decreto-Lei 7.661/45, em seu art. 1º, trata da figura do comerciante, ao passo que anos antes (1942) a Itália já apresentava o conceito de empresa, no art. 2.082 do Código Civil[87], que serviu de base ao art. 966 do Código Civil Brasileiro.

Há outra concepção quanto ao trato de quem desenvolve atividade com profissionalismo e habitualidade.

A Itália de há muito (década de 1940) deixou de lado a figura do comerciante e passou a enxergar algo muito mais à frente, com caráter multifacetado, de caráter social, que é justamente a empresa como organização mercantil, com vários atributos.

A Teoria da Empresa foi acolhida pela Constituição Federal de 1988 e posteriormente incorporada ao Código Civil e outros textos legais, de modo que não mais se fala na figura do comerciante.

O art. 966 foi escrito com base no art. 2.082 do Código Civil italiano de 1942, sendo as redações quase idênticas.

Portanto, foram muitos anos se referindo à figura do comerciante enquanto empresas de médio e grande porte já se instalavam no país, a partir especialmente dos anos 1970.

A própria Lei 6.404/76, ao tratar das companhias fechadas e abertas, abriu importantes portas para a instalação de multinacionais e transnacionais no Brasil, o que se vem avolumando desde os anos 1970.

---

87 *E' imprenditore chi esercita professionalmente una attivita' economica organizzata al fine della produzione o dello scambio di beni o di servizi* [tradução livre: É empreendedor quem exerce profissionalmente uma atividade econômica organizada para fins de produção ou troca de bens e serviços].

Tanto é que várias estão localizadas em várias cidades brasileiras, contribuindo de forma significativa para o desenvolvimento social e econômico da nação.

Não foram poucas as ações judiciais em que juízes de primeiro grau decretaram a insolvência civil de verdadeiras empresas, que exerciam atividade econômica organizada.

Tais entidades eram registradas em outro local (Registro Civil de Pessoas Jurídicas) que não a Junta Comercial, mas, de fato, ostentavam os atributos da empresa.

Exerciam atividade econômica organizada de forma ostensiva, com profissionalismo e habitualidade, mas se não queriam valer dos termos do Decreto-Lei 7.661/45, para fins de falência.

Na prática, evidentemente havia incongruência quanto ao tratamento destinado a tais agentes.

Intitulavam-se, por contrato social, sociedades civis, sem fins lucrativos, e sob tal manto buscavam se proteger da falência.

A insolvência civil, quando vivenciada a crise, era o propósito de muitas dessas pessoas jurídicas, verdadeiras empresas organizadas e que obtinham lucros, em decorrência da atividade desenvolvida.

Por outro lado, magistrados afinados com a lei italiana de 1942, ao verificar que as pessoas jurídicas reuniam todos os atributos da empresa, dúvida não tinham em decretar a retirada do mercado, via falência[88].

Consta do acórdão do Tribunal de Justiça de São Paulo:

> *partir da vigência no novo Código Civil, o fundamento legal da qualificação do empresário não é, como antes, "o exercício profissional da mercancia" (artigo 4º do Código Comercial de 1950). Agora, não há dúvida de que a definição de empresário-comerciante deve ser extraída do conceito de empresa, esta entendida como atividade econômica organizada de produção e circulação de bens ou serviços para o mercado, exercida habitualmente.*
>
> *Certas atividades, que pela teoria objetiva dos atos de comércio escapavam, para muitos, da caracterização da mercancia,*

88 TJSP, Câmara Especial de Falências e Recuperações Judiciais de Direito Privado. Apelação Cível n. 350.478-4/3-00, relator Des. Boris Kauffmann.

> *hoje afiguram-se evidentemente sujeitas às regras de Direito Empresarial.*
> *A circunstância de a controvérsia originar-se de fato anterior à nova codificação mostra-se despiciendo, na medida em que se pode atribuir ao novo estatuto civil caráter interpretativo, tendo em vista, especialmente na espécie vertente, que o legislador de 2002 transformou em norma de direito positivo aquilo que a consciência jurídica já vinha afirmando.*
> *Com efeito, nosso pretórios já vinham há muito adotando a teoria da empresa, em face da qual, conforme se infere da leitura do art. 966 do CC, o que importa é o modo como a atividade econômica é exercida*[89].

Houve várias aberturas de falência de pessoas jurídicas registradas não na Junta Comercial, porquanto eram verdadeiros agentes econômicos organizados e operavam com habitualidade e profissionalismo.

A bem de ver, antes de 2005 havia dissonância entre a prática e o contido na lei falimentar. Obsoleto, por exemplo, o art. 1º do Decreto-Lei 7.661/45.

Analisado o art. 966 do Código Civil, possível extrair a concepção do que venha a ser a empresa, no sentido de atividade econômica organizada para a produção[90], circulação e distribuição organizada de bens e serviços (de um modo geral).

Esclarecem Antonio Castro e Carlos Lessa:

> *a produção baseia-se no trabalho humano dirigido no sentido do atendimento de necessidades econômicas individuais e coletivas. Em dependência do produto que se tenha em vista, o processo produtivo envolverá o uso de determinadas formas de trabalho, capital e recursos naturais.*[91]

89 RT 632/100.

90 Obra de Antonio Castro e Carlos Lessa.

91 **Introdução à economia: uma abordagem estruturalista.** 37ª edição. Rio de Janeiro: Forense Universitária, 2005, p.13.

Nicholas Gregoy Mankiw disserta:

> *os fatores de produção soa os insumos usados para produzir bens e serviços. Mao de obra, terra e capital são os três fatores de produção mais importantes. Quando uma empresa de informática produz um novo programa para computador, usa o tempo dos programadores (mão de obra), o espaço físico em que estão seus escritórios (terra) e um prédio de escritório e equipamentos de informática (capital). Da mesma forma, quando um posto vende gasolina, usa tempo dos frentistas (mão de obra), o espaço físico (terra) e os tanques e bombas de combustível (capital)*[92].

Há de ser compreendida hermeneuticamente a amplitude do texto legal, de modo que cada um dos seus termos expressivos será aqui analisado.

Inicialmente, importante apresentar o ensinamento de Fábio Konder Comparato:

> *Se se quiser indicar uma instituição social que, pela sua influencia, dinamismo e poder de transformação, sirva de elemento explicativo e definidor da civilização contemporânea, a escolha é indubitável essa instituição é a empresa.*
>
> *É dela que depende, diretamente, a subsistência da maior parte da população ativa deste país, pela organização do trabalho assalariado. A massa salarial já equivale, no Brasil, a 60% da renda nacional*[93].

A empresa, destarte, é atividade econômica [exercício efetivo, profissional e constante], e quem explora esta atividade é um empresário (que pode ser pessoa natural ou pessoa jurídica - sociedade empresária).

Empresa não é a pessoa jurídica que a exerce. Nunca foi.

---

92 Introdução à economia. São Paulo: Cengage Learning, 2012, p. 376. Destaques no original.

93 **Direito empresarial: estudos e pareceres**. 1ª edição, 2ª tiragem. São Paulo: Saraiva, 1995, p. 3.

Descabe, por outro lado, confundir a figura de sócio ou acionista com "empresário" propriamente dito.

Portanto, empresa é a atividade econômica, explorada por alguém (empresário ou sociedade empresária) registrado junto ao Registro Público de Empresas Mercantis do local onde situada a sede (art. 967, Cód. Civil).

Esta atividade econômica tem como escopo a obtenção de lucro, que advém da produção de riquezas e prestação de serviços, tudo de forma organizada.

O lucro não deve ser maximizado, porquanto os gestores devem pensar na manutenção da empresa, nela fazendo os aportes necessários, visando a mantença da atividade econômica e permanência no mercado competitivo.

Entrementes, diz Fábio Konder Comparato, a respeito do âmbito da atividade econômica exercidas por entidades privadas:

> *Encarado o sistema econômico nacional em sua globalidade, aliás, seria absurdo considerar a atividade empresarial como matéria de exclusivo interesse privado. Haverá ainda quem sustente, seriamente, que a produção e distribuição organizada de bens, ou a prestação de serviços, seja assunto submetido à soberania individual? A criação e funcionamento as empresas, pelo fato de não apresentar, formalmente, um caráter político, hão de ser confinados em globo nos estreitos limites do direito privado?*[94].

No que se refere a atividade econômica, se traduz no conjunto de práticas voltadas à consecução do objeto social da pessoa jurídica, visando a produção de riquezas, prestação de serviços e consequente geração de lucro.

Este objeto social constará de forma expressa do estatuto social ou do contrato social da pessoa jurídica [Código Civil, art. 968, inc. IV; Lei 6.404/76, art. 2º e seu §2º].

Seu escopo é a produção de riquezas, prestação de serviços e, por consequência, o lucro à sociedade que desenvolve a atividade econômica.

94 Op., cit., p. 7.

Os que empreendem na atividade econômica privada – e assumem todos os riscos inerentes - buscam a obtenção de lucro.

Assenta Fábio Konder Comparato:

> *o lucro da gestão empresarial é o saldo positivo de um balanço geral de ingressos e dispêndios. Ora, a recomposição do capital próprio, sob a forma de depreciações, amortizações ou quotas de exaustão, é um custo necessário de todo processo produtivo, que não se confunde, de forma alguma, com o excedente lucrativo. Em outras palavras, toda empresa mesmo não-lucrativa, deve trabalhar em regime de economicidade, comportando um equilíbrio estrutural entre ingressos e dispêndios*[95].

Noutros termos, todos os que empreendem e ingressam no mercado competitivo, constituindo um agente econômico [pessoa jurídica de direito privado], hão de atuar de forma sustentável e ética.

Devem recolher rigorosamente os tributos devidos, honrar dívidas assumidas e contribuir para o desenvolvimento econômico da nação.

Os que empreendem visam o retorno dos investimentos incorporados à entidade.

Esse retorno financeiro se traduz no lucro empresarial.

Em tempos de capitalismo acentuado, impera a procura pela maximização de lucros. A respeito, pondera Jair Gevaerd:

> *A propósito, a sociedade mercantil – porque funcional ao modo de produção capitalista – não deve apresentar resultados ou lucros porque isso interessa aos incorporadores e sócios. Mas porque é da essência do próprio modo de produção capitalista a geração de parcelas de valor que, agregadas a dado produto ou não, retroalimentam a homeostase do sistema*[96].

O lucro é ínsito à atividade econômica empresarial de caráter privado; ninguém constituiu pessoa jurídica e ingressa no mercado com-

95 Op. cit., p. 10.

96 **Direito societário: teoria e prática da função. Volume II**. Curitiba: Gênesis, 2001, p. 304.

petitivo sem buscar o lucro, em decorrência da atividade desenvolvida regularmente.

É seu direito receber recursos da pessoa jurídica, contanto que de fato haja lucro. Retirar uma parcela da sobra, mensalmente, para seu sustento e de seus familiares[97] é algo inerente ao esforço de empreender.

Seguindo um pouco mais, atividade econômica de caráter organizado significa que se fazem presentes os fatores de produção, quais sejam: capital [recursos financeiros], mão de obra [trabalhadores], insumos [materiais, em sentido amplo] e tecnologia.

A combinação de esforços, inclusive e principalmente dos sócios e acionistas, é o importante para a consecução dos objetivos empresariais, e obtenção de lucros advindos da atividade econômica desenvolvida.

Importante ressaltar, por oportuno, que deve haver limites quanto a maximização de lucros, buscando-se sempre o equilíbrio, a sustentabilidade, com o propósito de manter a empresa em operação no mercado competitivo.

A atividade econômica organizada visa a criar, produzir, riquezas, prestar serviços e consequente gerar lucros aos titulares da empresa. Há de ser levada a efeito com profissionalismo e habitualidade da prática empresarial, além de outros requisitos, como a boa-fé objetiva e a ética empresarial.

Atos isolados se não enquadram no conceito de empresa, conceito esse estabelecido pela lei.

Estes fatores empresariais devem estar presentes, para fins de configuração do art. 966 do Código Civil.

Para que se possa falar em atividade econômica organizada, há de ser considerado o princípio do aporte, relativo ao capital social, que deve existir na empresa [Código Civil, art. 968, inc. III].

Os titulares da entidade jurídica devem cumprir todas as obrigações assumidas no contrato ou estatuto social, principalmente nela fazendo ingressar o valor (sentido amplo do vocábulo) a que cada um se comprometeu, para a constituição do capital social.

A integralização efetiva daquilo a que se comprometeu cada integrante [dinheiro ou bens e direitos, via de regra, pois, há especificações

97 Observem-se as regras do Código Civil: arts. 1.007, 1.008 e 1.009.

diferentes na Lei 6.404/76] para com a entidade que está sendo criada é fundamental.

Obviamente, sem capital social mínimo, compatível como o escopo do objeto social, inexistirá desempenho da entidade no mercado.

Não basta a mera subscrição de capital social (Código Civil, arts. 1.001, 1.004 - fazer constar do documento que aportará determinado valor em dinheiro ou bens -, sem se descuidar das regras constantes da Lei 6.404/76, que trata da companhia por ações).

O aporte efetivo do que restou comprometido perante a sociedade se faz imprescindível para dar início à atividade econômica.

Com isso, poder-se-á falar em atividade econômica organizada, porquanto reunidos todos os fatores de produção.

Reunidos todos esses requisitos, devidamente registrada a pessoa jurídica, a atividade econômica organizada passará a atuar, visando a produção, circulação e distribuição de bens (riquezas) e serviços.

Ensina Fábio Konder Comparato:

> *Os bens de produção são móveis e imóveis, indiferentemente. Não somente a terra, mas também o dinheiro, sob a forma de moeda ou de crédito, podem ser empregados como capital produtivo. De igual modo, os bens destinados ao mercado, isto é, as mercadorias, pois a atividade produtiva é reconhecida, na análise econômica, não pela criação de coisas materiais, mas pela criação de valor. Mas as mercadoria somente se consideram bens de produção enquanto englobadas na universalidade do fundo de comercio; uma vez destacadas dele, ao final do ciclo produtivo, ou elas se incorporam a uma atividade industrial, tornando-se insumos de produção, ou passam à categoria de bens de consumo*[98].

A produção de bens [fabricação, criação de produtos e mercadorias. Transformação de matéria-prima em produto ou mercadoria], quer-se crer, em tempos pós-modernos, vai muito mais além do que a construção de equipamentos e produtos em fábricas, por exemplo.

---

98 Op. cit., p. 29.

A prestação de serviços [de caráter lícito] se traduz em atividade [produção] voltada à satisfação da sociedade organizada: alimentação, beleza, planos de saúde, hotelaria, locação de equipamentos, transporte e assim por diante.

Por fim, a circulação de bens e serviços consta da lei no sentido de que os bens produzidos (fabricados) devem ser levados adiante, distribuídos e comercializados.

3. O PRODUTOR RURAL E O CÓDIGO CIVIL

O Código Civil, de 2002, dedicou o Livro II para organizar e sistematizar o Direito de Empresa, substituindo, nessa parte, o antigo Código Comercial de 1850, e logo no primeiro artigo sobre o tema, art. 966, já adota a definição de empresa, como atividade exercida, a partir do conceito de empresário.

Ou seja, adota como critério de identificação do empresário a atividade econômica e seus fatores de produção organizados destinados à circulação de bens ou de serviços.

Em primeiro lugar, consoante Alfredo de Assis Gonçalves Neto, o *empresário rural está excluído do conceito técnico de empresário*[99].

O mesmo jurista define o que exprime a expressão "empresário rural":

> *Empresário rural é a pessoa natural (a sociedade dedicada à atividade rural é tratada no art. 984) que age de forma organizada e profissionalmente na exploração das riquezas da terra. Quem exerce atividade rural sem organização, para sua subsistência ou em caráter eventual ou não profissional, não se enquadra no enunciado do art. 966 e, por isso, não se insere no conceito de empresário rural. Também não se insere no conceito de empresário rural quem exerce essa atividade como complemento de outra profissão, visto que o dispositivo sob análise ainda exige, para fins de sua*

99 Op., cit., p. 83.

aplicação, que tal pessoa tenha nela sua única ou principal profissão[100].

Em segundo lugar, a lei deve assegurar tratamento favorecido, simplificado e diferenciado ao empresário rural e ao pequeno empresário, no que se refere à inscrição no lugar próprio [Registro Público de Empresas Mercantis – Junta Comercial] e aos vários efeitos jurídicos decorrentes do ato de inscrição.

Fica a critério exclusivo do empresário que tenha por objetivo o exercício efetivo da atividade econômica rural optar por se inscrever ou não perante a Junta Comercial de sua sede [Código Civil, art. 971].

O principal dispositivo do Código Civil para a temática do presente manual é o art. 971. Determina que o empresário rural pode a qualquer tempo, obedecidas as formalidades do art. 968 e seguintes do Código Civil, inscrever-se perante o Registro Público de Empresas Mercantis.

Fica depois de regularmente inscrito, devidamente equiparado ao empresário sujeito a registro.

Assim procedendo [Código Civil, art. 984], tornar-se-á empresário para todos os fins legais, bem como correrá todos os riscos de atuar no mercado, inclusive podendo dele ser retirado, em caso de crise patrimonial irreversível.

A sociedade, cujo objeto social é a atividade rural, nada mais é do que sociedade simples (art. 997 do Código Civil), e não sociedade empresária.

As primeiras palavras escritas no art. 984 do Código Civil já o dizem: "a sociedade..." significando que são as sociedades simples, e não as empresárias.

Deverão de ser registradas, não na Junta Comercial, mas sim no Cartório de Registro Civil das Pessoas Jurídicas do local onde se encontra sua sede (Código Civil, art. 998).

Pela Lei 11.101/05 esse tipo societário se não enquadra na categoria empresária, de modo que não pode falir e muito menos pedir recuperação judicial ou propor recuperação extrajudicial aos seus credores.

A sistemática do CC é clara no sentido de que a inscrição do empresário rural no Registro Público de Empresas Mercantis não é requisito

100 Op. cit., p. 84.

para sua caracterização, sendo que pode se constatar o exercício da empresa rural, enquanto atividade, sem tal providência.

Sendo cediço que tal ato, para aqueles que já exercem atividade de empresa rural, tem natureza facultativa e declaratória.

Assim decidiu o Superior Tribunal de Justiça:

> *Trata-se, portanto, de conferir tratamento favorecido ao empresário rural, não sujeito a registro, em relação ao empresário comum, que a lei denomina de "empresário sujeito a registro". Por esse motivo é que o art. 971 dispensa o empresário rural daquela inscrição que é obrigatória para o empresário comum, estabelecendo que aquele (o rural) "pode requerer inscrição" nos termos do art. 968. Ora, se pode ele requerer inscrição, significa que o empreendedor rural, diferentemente do empreendedor econômico comum, não está obrigado a requerer inscrição antes de empreender. Desse modo, o empreendedor rural, inscrito ou não, está sempre em situação regular; não existe situação irregular para este, mesmo ao exercer atividade econômica agrícola antes de sua inscrição, por ser esta facultativa*[101]

Submete-se aos termos da Lei 11.101/05 e não a outro regime de insolvência. Pode, destarte, buscar a abertura judicial da falência ou tentar o soerguimento, via recuperação judicial ou extrajudicial.

Ainda, permite se valer de outros meios, visando a composição direta com os credores.

Depois de inscrito ficará equiparado ao empresário que está sujeito a registro. É este empresário, devidamente registrado, que se poderá valer dos termos da Lei 11.101/05, para fins recuperatórios ou mesmo de falência.

Para Alfredo de A. Gonçalves Neto, a inscrição do empresário rural na Junta Comercial tem natureza constitutiva, e:

> *não declaratória, que é o que ocorre normalmente com a inscrição de qualquer outro empresário. O empresário em geral é empresário porque exerce atividade econômica organizada, e*

101 REsp 1800032/MT, Rel. Min. Marco Buzzi, Rel. p/ Acórdão Min. Raul Araújo, Quarta Turma, julg. 05/11/2019, DJe 10/02/2020.). Destaques no original.

> *não porque está inscrito na Junta Comercial. Trata-se de uma situação de fato. Se alguém exerce atividade econômica com os requisitos do art. 966 e não incide nas ressalvas legais, é empresário e se obriga a fazer sua inscrição no referido órgão registrador.*[102]

Caso se opte por alterar seu contrato social, em conformidade com o art. 984 do Código Civil, a sociedade simples pode fazer a transformação societária [uma das operações societárias – art. 1.113, CC].

Para que ocorra a transformação do tipo societário é necessário o consentimento de todos os sócios, a menos que o ato constitutivo a preveja, caso em que o dissidente poderá retirar-se da sociedade, aplicando-se, no silêncio do estatuto ou do contrato social, o disposto no art. 1.031 do Código Civil (art. 1.114).

Escolhido o tipo societário, o contrato social será levado a registro perante a Junta Comercial da localidade onde funciona sua sede.

Portanto, o registro do empresário rural junto ao Registro Público de Empresas Mercantis não tem o condão de promover a constituição do empresário rural e sim o de declarar a sua qualidade jurídica, sendo considerado apenas uma formalidade e com a produção de efeitos retroativos (*ex tunc*) ao comprovado início da atividade de empresário rural.

Entendimento do Superior Tribunal de Justiça:

> *Pode-se afirmar, assim – ainda segundo a Teoria da Empresa –, que a constituição do empresário rural dá-se a partir do exercício profissional da atividade econômica rural organizada para a produção e circulação de bens ou de serviços, sendo irrelevante, para à sua caracterização, a efetivação de sua inscrição na Junta Comercial. Todavia, sua submissão ao regime empresarial apresenta-se como faculdade, que será exercida, caso assim repute conveniente, por meio da inscrição no Registro Público de Empresas Mercantis. Tal como se dá com o empresário comum, a inscrição do produtor rural na Junta Comercial não o transforma em empresário. Perfilho o entendimento de que, também*

102 Op. cit., p. 85.

> *no caso do empresário rural, a inscrição assume natureza meramente declaratória, a autorizar, tecnicamente, a produção de efeitos retroativos (ex tunc)*[103].

4. A LEI 13.986/2020

A Lei 13.986/2020 (conhecida com Lei do Agro) é importante ser analisada nesta obra.

O texto legal institui o Fundo Garantidor Solidário (FGS), dispõe sobre o patrimônio rural em afetação (PRA), a cédula imobiliária rural (CIR), a escrituração de títulos de crédito e a concessão de subvenção econômica para empresas cerealistas, bem como alteração algumas leis.

Para fins desta obra, alguns pontos devem ser abordados, a começar pelo patrimônio rural em afetação.

O regime de afetação faz com que a coisa fique incomunicável em relação aos demais ativos do proprietário, bem como em relação a direitos e obrigações incluídas no patrimônio. Trata-se de significativa garantia oferecida ao credor de modo geral.

Há, em síntese, segregação do bem [mantença apertada em relação aos demais ativos], vinculando-o diretamente à obrigação assumida.

No caso da lei em foco, há constituição de garantia real sobre a coisa, para fins de financiamento rural, visando o desenvolvimento econômico de que se vale do texto legal.

Observe-se que, com exceção de determinados débitos, nem mesmo na falência, insolvência civil e reestruturação judicial poderá haver vinculação do imóvel, que fica, portanto, desconectado dos demais ativos.

Trata-se de garantia muito especial, que mantém a coisa distante dos regimes de liquidação e de reestruturação.

Caso o imóvel já esteja sob hipoteca, alienação fiduciária ou qualquer outro ônus, não poderá ser oferecido a título de afetação.

O instituto é previsto a partir do art. 7º da lei. Em síntese, estabelece que o proprietário de imóvel rural, pessoa natural ou jurídica, pode submeter o seu imóvel rural ou fração dele ao regime de afetação.

---

103 STJ – Resp. 1811953/MT, Rel. Min. Marco Aurélio Belizze, Terceira Turma, julg. 06/10/2020, DJe 15/10/2020).

Em tal regime, o terreno, as acessões bem como benfeitorias dele constantes, com exceção das lavouras, bens móveis e semoventes, constituirão patrimônio rural de afetação.

Destina-se a servir de garantia, por meio da emissão de cédula de produto rural (CPR) ou em operações financeiras contratadas pelo proprietário via cédula imobiliária rural (CIR).

A garantia constitui direito real sobre o respectivo bem, sendo que esta mesma garantia se submete ao instituto da alienação fiduciária de imóvel.

O art. 8º trata das quatro vedações legais.

Enquanto o imóvel estiver sob o regime, mesmo que de forma parcial, não poderá ser objeto de compra e venda, doação, parcelamento ou qualquer ato de transferência da propriedade, por iniciativa de seu titular.

É vedada a constituição de patrimônio em afetação sobre o bem de família, a pequena propriedade rural e a área de tamanho inferior ao módulo rural ou à infração mínima de parcelamento, o que for menor, conforme art. 8º, da Lei 5.868/1972.

Ainda, o imóvel não poderá ser objeto de constrição, via penhora judicial.

Nessa esteira, considerando os termos do art. 119, inc. IX, da Lei 11.101/05, em consonância com a lei em comento, o imóvel não é atingido pela abertura judicial da falência, insolvência civil ou recuperação judicial do proprietário do imóvel rural, ficando fora de tais processos.

Dito de outro modo, não poderá ser arrecadado pelo administrador e, por consequência, na massa falida objetiva não estará.

A exceção legal fica por conta de dívidas trabalhistas, previdenciárias e fiscais do proprietário do imóvel, de modo que em tais casos, poderá ocorrer a constrição judicial.

Quanto a forma de constituição, o proprietário deverá formalizar o requerimento junto ao Oficial competente, que o averbará na matrícula imobiliária.

Em resumo, nesta operação é utilizado o imóvel rural ou fração como garantia de pagamento de crédito à instituição financeira. O Banco Central do Brasil deve autorizar a instituição financeira a operar (art. 17, §2º).

No que se refere á cédula imobiliária rural (CIR), é um título de crédito nominativo [título executivo extrajudicial que representa dívida em dinheiro, certa, líquida e exigível, correspondendo ao valor nela indicado ou ao saldo devedor da operação]. Estabelece o art. art. 17 da Lei 13.986/2020:

> *Fica instituída a CIR, título de crédito nominativo, transferível e de livre negociação, representativa de:*
> *I - promessa de pagamento em dinheiro, decorrente de operação de crédito de qualquer modalidade; e*
> *II - obrigação de entregar, em favor do credor, bem imóvel rural, ou fração deste, vinculado ao patrimônio rural em afetação, e que seja garantia da operação de que trata o inciso I do caput deste artigo, nas hipóteses em que não houver o pagamento da operação até a data do vencimento.*

Pode ser transferido e de livre negociação entre as partes. Pode ser emitida por pessoa natural ou jurídica, via forma escritural (lançamento em sistema de escrituração autorizado a funcionar pelo BACEN).

Trata-se de promessa de pagamento em dinheiro, que decorre de operação de crédito, de qualquer modalidade ou obrigação de fazer a entrega ao credor de bem imóvel rural, ou mesmo fração deste, vinculado ao patrimônio rural em afetação (antes examinado) e que seja objeto de garantia da operação de crédito, em hipótese de não pagamento até a data do vencimento.

Pode ser a CIR negociada nos mercados de valores mobiliários, contanto que regulamentados, devidamente registrada e depositada em entidade autorizada pelo BACEN a exercer a atividade de registro ou depósito centralizado de ativos financeiros e de valores mobiliários.

Estabelece o art. 26 da lei que o vencimento da CIR será antecipado, independendo de aviso ou mesmo de interpelação judicial (ou extrajudicial) nas hipóteses de descumprimento da obrigação constante do art. 14, inc. I.

Consta do art. 28:

> *Vencida a CIR e não liquidado o crédito por ela representado, o credor poderá exercer de imediato o direito à transferência, para sua titularidade, do registro da propriedade da área rural que*

> *constitui o patrimônio rural em afetação, ou de sua fração, vinculado à CIR no cartório de registro de imóveis correspondente.*

Neste caso, em havendo inadimplência, poderá o credor exercer o direito de transferência do bem para sua titularidade, diretamente junto ao cartório imobiliário, sem ação judicial.

Porém, o credor deve seguir as regras contidas na Lei 9.514/1997, especialmente artigos 26 e 27. Vencida e não paga, no todo em parte a dívida, consolida-se a propriedade em nome do fiduciário.

Para fins de transferência da propriedade, deve o credor cumprir a regra do §1º do art. 26:

> *Para os fins do disposto neste artigo, o fiduciante, ou seu representante legal ou procurador regularmente constituído, será intimado, a requerimento do fiduciário, pelo oficial do competente Registro de Imóveis, a satisfazer, no prazo de quinze dias, a prestação vencida e as que se vencerem até a data do pagamento, os juros convencionais, as penalidades e os demais encargos contratuais, os encargos legais, inclusive tributos, as contribuições condominiais imputáveis ao imóvel, além das despesas de cobrança e de intimação.*

Nessa linha, consta do art. 27 da mesma lei:

> *Uma vez consolidada a propriedade em seu nome, o fiduciário, no prazo de trinta dias, contados da data do registro de que trata o § 7º do artigo anterior, promoverá público leilão para a alienação do imóvel.*

Quando o proprietário não leva a efeito atos inerentes à administração do bem, deixar de preservá-lo, inclusive não tomando eventuais medidas judiciais para tanto, a lei estabelece que, em tais situações, haverá o antecipado vencimento.

Ainda, em caso de abertura judicial de falência, insolvência ou for determinado processamento da recuperação judicial do emitente (a lei não fala em outros meios recuperatórios).

Por fim, quando da existe comprovada da prática de desvios de bens e administração ruinosa do imóvel rural que constitui o patrimônio de afetação a ele vinculado.

A lei faz referência a "administração ruinosa", que se traduz em expressão bastante vaga e imprecisas. Não enumera, por exemplo, quais atos comissivos ou omissivos poderiam ser considerados ruinosos, e permitiram o vencimento antecipado da obrigação.

A texto legal trata do certificado de depósito bancário (CDB), título de crédito nominativo [título executivo extrajudicial], que pode ser transferido [via endosso] e é de livre negociação.

Também representa promessa de pagamento (tempo futuro), do valor depositado junto ao emissor, acrescido de remuneração convencionada.

Em resumo, a instituição financeira (art. 31) emite o CDB para fins de captação de recursos, podendo ser sob a forma escritural ou por meio de lançamento em sistema eletrônico do banco.

Trata-se de investimento em que o interessado "empresta" dinheiro à instituição financeira, a fim de que esta possa fazer outras operações bancárias.

O endossante se responsabiliza sobre a existência do crédito, mas não pelo seu efetivo pagamento.

Diz a lei que o crédito "contra" a instituição financeira não poderá ser penhorado, arrestado, sequestrado, objeto de busca e apreensão ou "outro embaraço que impeça o pagamento da importância depositada e de sua remuneração".

Não se permite a prorrogação do prazo de vencimento, sendo aplicável a lei que trata da nota promissória, com exceção do que contraria o contido na lei específica, em comento.

5. CÉDULA DE PRODUTO RURAL E A LEI 8.929/1994

A Lei 8.929/1994 trata da cédula de produto rural e o art. 1º traça a definição, segundo a qual a cédula de produto rural (CPR) é

> *representativa de promessa de entrega de produtos rurais, com ou sem garantias cedularmente constituídas.*

Trata-se de título de crédito que representa, em síntese, a promessa de entrega futura (pelo emitente) de determinado produto. Traduz-se em importante instrumento que visa o financiamento privado do agronegócio.

A legitimidade para emitir a CPR recai na pessoa natural do produtor ou da entidade jurídica rural.

O emitente faz a promessa de entrega de produtos rurais. Em resumo, podem emitir a CPR: o produtor rural, pessoa física ou jurídica; a cooperativa agropecuária e a associação de produtores rurais; as pessoas naturais ou jurídicas que beneficiem ou promovam a primeira industrialização dos produtos rurais, qual consta da lei[104].

Além da regra contida no art. 1º, no que se refere a entrega de produtos rurais [determinada quantidade e qualidade], além também prevê que a obrigação seja liquidada mediante pagamento em dinheiro (art. 4º).

Ressalte-se que a denominada CPR-Financeira pode ser emitida com cláusula de correção monetária pela variação do câmbio, visando a apuração do saldo devedor [art. 4º-A, inc. I e §§1º e 3º].

Conforme art. 3º-A, a emissão pode ser via cártula ou escritural [processo eletrônico ou digital].

As entidades jurídicas ou pessoas naturais que beneficiam ou promovem a primeira industrialização dos produtos rurais mencionados no art. 1º que tenha atividade econômica relacionadas nos incisos II, III e IV do §2º do mesmo art. 1º.

A lei é silente quanto a quem poderá ficar como credor, de modo que não carece na atividade econômica voltada a produtos rurais. Por outro lado, a CPR pode ser emitida em favor de instituições financeiras, entidades investidoras, dentre outras.

Para fins de estudo da reestruturação do agronegócio, é de relevo estudar as garantias que podem constar da CPR, sendo que a lei estabelece que qualquer bem pode ser inserido no contrato (art. 5º).

Destaque-se que a CPR pode ser emitida com ou sem garantia, mas via de regra o é, para fins de segurança ao credor, caso haja inadimplemento contratual.

No tocante à essencialidade dos bens móveis ou imóveis, dados em garantia fiduciária[105], as informações deverão ser prestadas quando da emissão da cédula.

Demais, a forma de constituição fica a critério das partes, podendo ser por instrumento público ou particular, de somenos importância o valor ou o valor do título garantido. Escrevem Paulo Restiffe Neto e Paulo S. Restiffe:

---

104 A propósito: Lei 11.076/2004.

105 A fidúcia tem ligação com a lealdade, a honestidade e a boa-fé objetiva.

A CPR é título emitido pelo agricultor ou suas associações, e também pelas cooperativas, com aval de instituição financeira, que permite a venda antecipada de produtos agrícolas. Ou seja, o produtor rural antecipa os recursos para aquisição de insumos, para o plantio e colheita, comercializando a safra com base nos preços futuros.[106]

Conforme os mesmos autores,

a negociação da CPR é feita, entre os produtores rurais e o mercado, através da Bolsa de Mercadorias e Fundos (BM&F), já que são operacionalizadas 'commodities.[107]

A regra do art. 7º, §1º trata do constituto possessório, sendo esta a redação:

salvo se tratar de títulos de crédito, os bens apenhados continuam na posse imediata do emitente ou do terceiro prestador da garantia, que responde por sua guarda e conservação como fiel depositário.

A respeito do constituto possessório, ensina Caio Mário da Silva Pereira:

é uma técnica de aquisição derivada, onde atuou o gênio inventivo dos Romanos que, muito apegados aos critérios formais, preferiam contornar a rigidez dos princípios a com eles transigir. Quando uma pessoa tinha a posse de uma coisa, e, por título legítimo, a transferia a outrem, na requeria o direito que materialmente se entregasse, porém contentava-se com o fato de que o transmitente, por ato de vontade, deixasse de possuir para si mesmo, e passasse a possuir em nome do adquirente e para este.[108]

106 **Garantia fiduciária.** 3ª edição. São Paulo: Revista dos Tribunais, 2000, p. 45.

107 Op. cit., p. 45. Destaques no original.

108 **Instituições de direito civil. Volume IV**. 6ª edição. Rio de Janeiro: Forense, 1984, p. 38.

Importante destacar que no constituto possessório, a posse é transmitida sem o deslocamento físico da coisa (mera tradição ficta), sendo que, quem possuía a coisa como sua, própria, passa a possuí-la com alheia.

A guarda e conservação ficam por conta do emitente da CPR ou do terceiro, assinando como depositário, que responde pela coisa.

Em se tratando de penhor constituído por terceiro, quem se responsabiliza solidariamente para com o empenhador pela guarda e conservação da coisa é o emitente da cédula.

Estabelece a lei que a não identificação dos bens objeto da alienação fiduciária não retira a eficácia da garantia, podendo incidir sobre outros do mesmo gênero, qualidade e quantidade, pertencentes ao proprietário do garante.

As regras de direito cambial incidente na CPR, de modo que deverão ser completos os endossos; os endossantes não respondem pela entrega do produto, mas pela existência da obrigação e é dispensado o protesto cambial visando a assegurar o direito de regresso contra os que figuraram como avalistas na operação.

O art. 11 teve nova redação, considerando disposições acrescidas à Lei 11.101/05:

> *Não se sujeitarão aos efeitos da recuperação judicial os créditos e as garantias cedulares vinculados à CPR com liquidação física, em caso de antecipação parcial ou integral do preço, ou, ainda, representativa de operação de troca por insumos (barter), subsistindo ao credor o direito à restituição de tais bens que se encontrarem em poder do emitente da cédula ou de qualquer terceiro, salvo motivo de caso fortuito ou força maior que comprovadamente impeça o cumprimento parcial ou total da entrega do produto.*

Destaque-se que a alienação fiduciária em garantia de produtos agropecuários e seus subprodutos, deverá ser averbada junto ao cartório de registro de imóveis da cidade onde estiverem localizados os bens dados em garantia.

A entrega do produto antes da data efetivamente prevista na cédula dependerá da anuência do credor e a CPC poderá ser considerada vencida, a critério do credor, em caso de inadimplemento de qualquer obrigação do emitente.

O meio judicial adequado para a cobrança de valores é a execução para entrega de coisa incerta (CPC, art. 811). A Lei 13.986/2002 deu nova redação ao art. 16, que assim dispõe:

> *A busca e apreensão ou o leilão do bem alienado fiduciariamente, promovidos pelo credor, não elidem posterior execução, inclusive da hipoteca e do penhor constituído na mesma cédula, para satisfação do crédito remanescente.*
> *Parágrafo único. No caso a que se refere o presente artigo, o credor tem direito ao desentranhamento do título, após efetuada a busca e apreensão, para instruir a cobrança do saldo devedor em ação própria.*

Conforme regra do art. 17, com a nova redação dada em 2020, aquele que fizer declarações falsas ou mesmo inexistentes sobre a natureza jurídica ou qualificação, assim como os bens ofertados para fins de garantia da CPR, omitir declaração quanto a já estarem sujeitos a outros ônus ou responsabilidade de qualquer espécie, inclusive de natureza fiscal, haverá (em tese) cometimento de crime de estelionato.

Por fim, os ativos vinculados à CPR não poderão ser penhorados ou mesmo objeto de sequestro judicial por outras dívidas do emitente ou do terceiro prestado da garantia real.

Deverão esclarecer à autoridade incumbida [ou a quem a determinou] da diligência de apreensão dos bens que existe a CPR, sob pena de responsabilização por prejuízos resultantes do ato omissivo.

A regra do art. 1.419 do Código Civil é no sentido de o bem dado em garantia fica sujeito - em decorrência do vínculo real - ao cumprimento da obrigação.

6. BENS ESSENCIAIS DA ATIVIDADE ECONÔMICA

Os bens essenciais para o desenvolvimento da atividade econômica organizada são aqueles considerados como indispensáveis à produção, circulação e distribuição organizada de bens e serviços.

Possível citar como exemplo de bens essenciais: utensílio, máquinas, veículos, imóveis, equipamentos em geral, móveis, equipamentos de computação, tratores agrícolas, reboques e semi-reboques, semeadores, adubadores, plantadeiras, máquinas para colheita, e assim por diante.

A depender do tipo de atividade econômica desenvolvida, a pessoa jurídica necessitará de ativos específicos para a consecução de seu objeto social.

É neste contrato social que já deve ser especificado de forma bastante clara qual o montante mínimo necessário para, por exemplo, adquirir as máquinas e equipamentos indispensáveis para início da empresa.

Por outro lado, considerando os termos da lei brasileira, na sociedade limitada, por exemplo, o sócio pode integralizar sua participação societária incorporando nos ativos bens que serão utilizados na empresa.

O tema é relevante, principalmente quando a pessoa jurídica está sob algum regime recuperatório previsto na Lei 11.101/05, porquanto há risco quanto a retirada de bens do estabelecimento.

Aqueles considerados essenciais à operação desenvolvida pela entidade recuperanda muitas vezes estão alienados a credores que não ficam adstritos às cláusulas da reestruturação judicial [art. 49, §3º] e extrajudicial [art. 161, §1º].

Estabelece a regra do art. 49, §3º, da Lei 11.101/05 que, durante o período de suspensão das ações e execuções ajuizadas em face do devedor, não poderá ocorrer a retirada de bens de capital essenciais à atividade empresarial.

Enquanto a lei mantiver fora do alcance do processo determinados credores que detém garantias reais, que se traduzem em bens essenciais à continuidade econômica do devedor, fatalmente continuará havendo dificuldade para a resolução da crise como um todo.

Com efeito, há bens de capital essenciais à atividade econômica desenvolvida pelo devedor e bens de capital considerados não essenciais[109].

---

109 TJSP, Agravo de Instrumento 2003091-64.2023.8.26.0000, Des. Natan Zelinschi de Arruda; 2ª Câmara Reservada de Direito Empresarial, julg: 25/04/2023. A ementa do acórdão:
Agravo de instrumento. Recuperação judicial. Pedido deliberação de valores bloqueados pelas instituições financeiras agravadas. Indeferimento. O panorama fático é o seguinte: (i) as instituições financeiras agravadas (Banco Daycoval e Banco Itaú) possuem créditos concursais e extraconcursais; (ii) ambas efetuaram bloqueios de valores nas respectivas contas de titularidade da recuperanda/agravante, que alega a ausência de certeza deque esses bloqueios se referem à quitação de créditos extraconcursais, motivo pelo qual requereu a liberação; (iv) a administradora judicial aferiu que há créditos extraconcursais em favor das agravadas e que os valores bloqueados são menores do que a totalidade do débito não sujeito à recuperação. Não

Esta distinção é de extrema importância, principalmente quando se está diante de regime recuperatório, na qual há credores com garantias reais.

No que se refere a estas questões, assim decidiu o Superior Tribunal de Justiça:

> *RECURSO ESPECIAL. RECUPERAÇÃO JUDICIAL. PRODUTORES RURAIS. VIOLAÇÃO DO ART. 1.022 DO CPC/15. SÚMULA 284/STF. NEGATIVA DE PRESTAÇÃO JURISDICIONAL. NÃO OCORRÊNCIA. AUSÊNCIA DE PREQUESTIONAMENTO. BEM DE CAPITAL. CLASSIFICAÇÃO QUE NÃO ABRANGE O PRODUTO FINAL DA ATIVIDADE EMPRESÁRIA. RESTRIÇÃO DA PARTE FINAL DO ART. 49, § 3º, DA LEI 11.101/05. INAPLICABILIDADE À HIPÓTESE DOS AUTOS.*
> *1. Ação ajuizada em 17/2/2020. Recurso especial interposto em 18/12/2020. Autos conclusos ao Gabinete em 26/1/2022.*
> *2. O propósito recursal consiste em definir se produtos agrícolas (soja e milho) podem ser classificados como bens de capital essenciais à atividade empresarial – circunstância apta a atrair a aplicação da norma contida na parte final do § 3º do art. 49 da Lei 11.101/05 – e se é possível ao juízo da recuperação judicial autorizar o descumprimento de contratos firmados pelos devedores.*
> *3. A ausência de expressa indicação de obscuridade, omissão ou contradição nas razões recursais enseja o não conhecimento do recurso quanto ao ponto.*
> *Incidência da Súmula 284/STF.*
> *4. Cumpre registrar, outrossim, que não há ofensa ao art. 1.022 do CPC/15 quando o Tribunal de origem, aplicando o direito que entende cabível à hipótese, soluciona integralmente a controvérsia submetida à sua apreciação, ainda que de forma diversa daquela pretendida pela parte.*

---

estão presentes, portanto, os requisitos para a concessão da tutela de urgência (art. 300CPC), pois ausente a probabilidade do direito, porque as instituições financeiras são credoras extraconcursais (ou seja, possuem lastro jurídico para os bloqueios), e há elevado perigo de dano irreparável inerente à liberação dos valores. No mais, a jurisprudência já se firmou no sentido de que dinheiro não é bem de capital essencial para os fins da Lei 11.101/05. Precedentes do STJ e deste TJSP. Decisão mantida. Agravo desprovido.

5. Não houve manifestação, no acórdão recorrido, acerca da alegada autorização para descumprimento dos contratos celebrados entre o recorrente e os recorridos. A ausência de prequestionamento impede o exame da insurgência.
6. Mesmo que se pudesse ultrapassar referido óbice, a questão a ser analisada exigiria que esta Corte se debruçasse sobre fatos, provas e cláusulas contratuais, circunstância vedada em sede de recurso especial.
Incidência das Súmulas 5 e 7 do STJ.
7. Bem de capital é aquele utilizado no processo de produção (veículos, silos, geradores, prensas, colheitadeiras, tratores etc.), não se enquadrando em seu conceito o objeto comercializado pelo empresário. Doutrina.
8. Se determinado bem não puder ser classificado como bem de capital, ao juízo da recuperação não é dado fazer nenhuma inferência quanto à sua essencialidade para fins de aplicação da ressalva contida na parte final do § 3º do art. 49 da Lei 11.101/05. Precedente.
RECURSO ESPECIAL PARCIALMENTE CONHECIDO E PROVIDO[110]
Extrai-se do acórdão:
Por ocasião do julgamento do conflito de competência n. 153.473/PR (DJe 26/6/2018), a Segunda Seção desta Corte debruçou-se sobre tal questão conceitual. Na oportunidade, constou do voto vencido proferido pela e. Min. Relatora (entendimento ao qual me filio) que, "por bem de capital, deve-se *compreender aqueles imóveis, máquinas e utensílios necessários à produção. Não é, portanto, o objeto de comercialização da pessoa jurídica em recuperação judicial, mas o aparato, seja bem móvel ou imóvel, necessário à manutenção da atividade produtiva, como veículos de transporte, silos de armazenamento, geradores, prensas, colheitadeiras, tratores, para exemplificar alguns que são utilizados na produção dos bens ou serviços". Já o bem de consumo (em oposição ao bem de capital) "constitui aquilo que é produzido com utilização do bem de capital, seja durável ou não durável, e que será comercializado pela empresa, ou prestado na forma de serviços"*

110 STJ - REsp. 1.991.989-MA, 3ª Turma, relatora Ministra Nancy Andrighi, julg. 03/05/2022.

Este item é muito importante, especialmente para as pessoas jurídicas que vivenciam momentânea crise econômico-financeira e pretendem buscar a tutela estatal, para fins recuperatórios, ou mesmo objetivam a implementação da reestruturação em caráter extrajudicial.

Conforme se infere do acórdão citado, somente está adstrito ao juízo recuperacional o bem que se enquadrar como bem de capital essencial, qual consta do art. 49, §3º, da Lei 11.101/05. Consta do acórdão:

> *Vale dizer, a lei de regência não autoriza o juiz a impedir a venda ou a retirada do estabelecimento do devedor de bens, ainda que essenciais, que ostentem outra natureza que não a de **bem de capital.***
> *Veja-se que nem mesmo a caracterização do bem como de capital constitui circunstância suficientemente apta, por si só, a impedir sua retirada caso não se perceba sua essencialidade à atividade empresaria*[111].

Prossegue a Ministra Nancy Andrighi:

> ***Assim, na hipótese de não estarem preenchidos os dois pressupostos acima delimitados - (i) bem classificado como de capital e (ii) de reconhecida essencialidade à atividade empresarial -, é descabido ao juízo, como regra, obstar sua saída da posse do devedor com base na ressalva da parte final do art. 49, § 3º, da LFRE.***
> *Cumpre, todavia, definir o que se pode entender como bem de capital, a fim de perquirir se os grãos de soja e milho produzidos pelos recorridos podem ser classificados como tal.*
> *Por ocasião do julgamento do conflito de competência n. 153.473/PR D(Je 26/6/2018), a Segunda Seção desta Corte debruçou-se sobre tal questão conceitual. Na oportunidade, constou do voto vencido proferido pela e. Min. Relatora (entendimento ao qual me filio) que, '**por bem de capital, deve-se compreender aqueles imóveis, máquinas e utensílios necessários à produção. Não é, portanto, o objeto de comercialização da pessoa jurídica em recuperação judicial, mas o aparato, seja bem móvel ou imóvel, necessário***

111 Destaque no original.

> ***à manutenção da atividade produtiva, como veículos de transporte, silos de armazenamento, geradores, prensas, colheitadeiras, tratores, para exemplificar alguns que são utilizados na produção dos bens ou serviços'.***
> *Já o bem de consumo (em oposição ao bem de capital) "constitui aquilo que* ***é produzido com utilização do bem de capital, seja durável ou não durável, e que será comercializado pela empresa, ou prestado na forma de serviços.***[112]

Importante destacar a citação doutrinária constante do acórdão referenciado:

> *Para a Ciência Econômica, os bens podem ser classificados segundo alguns critérios, como aqueles que se referem à materialidade, à finalidade e à relação que guardam entre si.*
> *Interessa, aqui, a classificação quanto à finalidade. Essa categorização, resumidamente, divide os bens econômicos em "bens de consumo", 'bens de capital' e 'bens de produção'. Enquanto os primeiros atendem às necessidades humanas diretas ou imediatas (a exemplo de alimentos, roupas e veículos), os segundos e os terceiros atendem-nas de forma indireta, servindo, de modo geral, para a produção de outros bens (tais como energia, matérias-primas, máquinas, equipamentos e instalações).*
> *Ainda que possa haver alguma discussão doutrinária em torno da classificação dos bens de capital como uma espécie autônoma de bem ou como uma subespécie dos chamados bens de produção, o certo é que ambas as expressões (bens de capital e bens de produção) referem-se àqueles bens utilizados no processo de produção, não constituindo o produto final da atividade empresarial (acerca do tema: Fábio Nusdeo. Curso de Economia [livro eletrônico]. 4ª ed. São Paulo: RT, 2016)*[113]

Em se tratando dos credores referidos pelo art. 49, §§3º e 4º, os bens não poderão ser vendidos ou retirados do estabelecimento do devedor, bens esses considerados essenciais.

112 De acordo com o texto original.

113 Destaques constam do texto original.

Passado esse lapso temporal, mesmo que se trate de ativo considerado essencial, o juízo da reestruturação não mais terá competência para deliberar.

A lei é neste sentido:

> *admitida, todavia, a competência do juízo da recuperação judicial para determinar a suspensão dos atos de constrição que recaiam sobre bens de capital essenciais à manutenção da atividade empresarial durante o prazo de suspensão a que se refere o § 4º deste artigo.*

Os credores estão impossibilitados de retirar os bens durante o período de suspensão das ações e execuções, sendo que o art. 6º, §7º-B atribuiu a competência do juízo da reestruturação para deliberar a respeito dos bens, quando se tratar de execução fiscal.

II

RECUPERAÇÃO JUDICIAL DO AGRONEGÓCIO

2.1. VISÃO GERAL DO REGIME

O vetusto Decreto-Lei 7.661/45 tinha espírito liquidatário-solutório, sem dúvida; os pratos da balança não estavam em igual posição, na concordata preventiva, na suspensiva e no processo de falência, considerando a relação devedor-credores.

Poucos agentes econômicos mergulhados em crise econômico-financeira se salvaram no âmbito da concordata preventiva.

A grande maioria de pequenas e médias empresas acabou se submetendo ao regime falimentar, no tempo de vigência da lei de 1945.

Muitas ações tramitaram por anos, décadas, sem que o passivo fosse efetivamente pago.

Vários agentes econômicos, de relevo nacional, acabaram sendo retirados do mercado.

De fato, o sucateamento de ativos arrecadados pelo síndico (ou mesmo a falta de bens arrecadáveis, por assim dizer) - em processos de falência - contribuiu de forma significativa para o não pagamento de credores.

O Decreto-lei 7.661/45 foi escrito no pós-guerra por grandes juristas pátrios, quando houve a instauração de novo modelo econômico, com acentuada regulação do crédito.

Destaque-se que o texto legal de 1945 tem seu valor histórico, sem dúvida, mas de há muito estava ultrapassado e em desalinho com as legislações de ponta, que inclusive previam outros meios de prevenção e mesmo recuperatórios (França, por exemplo – salvaguarda, sem que ocorra a cessação de pagamento, processo de alerta).

De há muito não mais se falava em comerciante (ao menos, desde a alteração da lei italiana, na década de 1940). A doutrina nacional há décadas falava em empresa e não mais em comerciante. A Lei 11.101/05 demorou muito para surgir no ordenamento jurídico nacional.

A alteração da lei já devia ter ocorrido década antes de 2005, salvo engano. O Brasil demorou muito para atualizar a legislação concursal e não foram poucos os agentes econômicos que entraram em regime falimentar.

Destaque-se que a concordata suspensiva, em vários casos, não vingou e as empresas acabaram falindo, sendo retiradas, definitivamente, do mercado.

Por outro lado, a continuação provisória da atividade da massa falida, tendo a figura do gerente, prevista no art. 74 da lei anterior, não tinha razão de ser e só aumentava o passivo da empresa falida.

Aliás, tal continuidade, ainda prevista em lei, se nos parecer totalmente em desalinho com os termos da Lei 11.101/05.

Jurgen Habermas, escrevendo sobre o mercado, acentua:

> *A instituição do mercado pode ser fundamentada na justiça inerente à troca de equivalentes; e, por esta razão, o Estado constitucional burguês encontra sua justificação nas relações legítimas de produção. Esta é a mensagem do direito natural racional desde Locke. As relações de produção podem fazê-lo, sem uma autoridade tradicional legitimada desde cima*[1]

Quanto a concordata preventiva, caso não é de gastar tinta para dizer que foi um fracasso, considerando, principalmente, o fato de que somente abarcava os credores quirografários e ao devedor cumprir depositar as parcelas em juízo.

Alguns detalhes do momento histórico em que editado o texto legal de 1945 são importantes e merecem ser rememorados.

A Conferência de Bretton Woods (julho de 1944, com a presença de 44 países no Hotel Mount Washington, na cidade Bretton Woods – New Hampshire), em apertada síntese, buscou a estabilidade monetária, criou o Fundo Monetário Internacional e o Banco Mundial.

O momento era de pós-conflito militar e muitas nações se estavam reerguendo social e economicamente.

1 **A crise de legitimação no capitalismo tardio**. 2ª edição. Rio de Janeiro: Tempo Brasileiro, 2002, p. 36.

Após a Depressão de 1929 e a Segunda Guerra Mundial, os países buscam novo alinhamento econômico, considerando a recessão e a escassez do crédito, sem descuidar de outros prejuízos advindos da guerra.

A partir desta Conferência, o modelo de livre mercado, com o consequente fluxo de divisas, passou a ser o norte dos países. A globalização econômica entrou em novo nível, agora com mais fluidez e abertura das fronteiras internacionais. Não cabe gastar tinta para discorrer sobre o atual estágio da globalização.

Ainda, na Conferencia estabeleceu-se a transformação da moeda norte-americana - o dólar - na moeda padrão do mundo capitalista. Referida moeda é forte, mantém-se como moeda de paridade em relação a operações internacionais [comércio global].

Com a retirada do ouro, que funcionava como moeda (seu valor era utilizado para embasar as operações comerciais) resolve-se tornar o dólar norte-americano como moeda de referencia nas transações.

A partir da aludida Conferência o Dólar norte-americano se tornou, destarte, a moeda mundial, quer pela sólida e estável economia dos Estados Unidos, quer pela hegemonia global de tal país, quer pela segurança que a moeda apresenta [ausência de riscos quanto a desvalorização mundial].

A situação, ao que se nos parece, é inalterada no novo século.

Diante disso, o Brasil, signatário do acordo assinados nos Estados Unidos, optou por reformular o Decreto 5.746, de 09/12/1929. O autor do anteprojeto foi o jurista Waldemar Ferreira.

Uma das principais alterações legislativas foi justamente a mudança de visão quanto ao instituto da concordata preventiva.

Ora, se ao tempo do referido Decreto 5.746/1929, o devedor comerciante poderia requerer ao juiz a convocação dos credores para propor a concordata preventiva ([acordo entre as partes] art. 149)[2], no regime de 1945, o Estado-juiz afastava a relação contratual entre devedor e credores e impunha a este a concordata daquele infeliz nos negócios, mas de boa-fé (art. 156).

2 *O devedor commerciante poderá evitar a declaração de sua fallencia, requerendo ao juiz, em cuja jurisdicção se acha o seu estabelecimento principal, a convocação dos seus credores para lhes propôr concordata preventiva.*

Antes, pela lei de 1929, havia acordo entre devedor e credores e depois, ao tempo do novo microssistema falimentar de 1945, o Estado assumiu a responsabilidade pela recuperação da entidade em crise.

Talvez essa assunção de responsabilidade [e risco] pela superação da crise, passada pelo devedor ao Estado, tenha sido a causa do insucesso das concordatas preventiva e suspensiva.

O país viveu praticamente 60 (sessenta) anos "tentado" recuperar – via concordata preventiva - muitas entidades irremediavelmente falidas [crise patrimonial irreversível], mas que se mantinham no mercado.

Por outro lado, as que empresas conseguiram honrar suas obrigações em juízo – depositando as parcelas devidas -, em boa parte acabaram por desaparecer com o passar do tempo. Não tiveram forças para se readequar ao mercado competitivo e acabaram dele se retirando.

O mercado – com sua linguagem própria - dita as regras a respeito de quem nele permanece operando regularmente. É a realidade da economia de mercado.

Escreve Nelson Abrão:

> *Foi no interregno das duas grandes conflagrações mundiais que tomou corpo a teoria social da propriedade, com base na qual procuram assegurar legislações concursais a preservação da empresa. Essa teoria adquiriu uma feição marcante na Encíclica 'Quadragésimo Anno', distinguindo entre o direito e o uso da propriedade, conforme, aliás, já doutrinado por Aristóteles, cerca de trezentos anos antes de Cristo*[3].

A bem da verdade, conforme já exposto, o devedor em crise, ao tempo do ab-rogado decreto-lei, colocava na mão do Estado-juiz a deliberação a respeito de seu futuro, em termos de concordata preventiva.

O devedor,

> *Ao formular o requerimento de concordata preventiva, praticamente transfere ao Estado a integral responsabilidade, por assim dizer, de tentar encontrar mecanismos para o soerguimento da empresa mergulhada em crise (numa ou mais de suas*

3 **Curso de direito falimentar**. 5ª edição. São Paulo: Livraria e Editora Universitária de Direito, 1997, p. 33. Destaques na obra original.

> *modalidades, e considerada como momentânea), até mesmo diante do fato de que o favor legal é imposto por esse mesmo Estado aos credores do devedor. Portanto, a ilação é bastante lógica. O Estado assume a responsabilidade pela tentativa de superação da crise da empresa (via concordata preventiva); impõe o favor legal a universo de credores, sem nem sequer ouvir a posição destes, e acaba por não ter instrumentos jurídico-econômico minimamente hábeis para que ocorra a verdadeira superação da crise e o retorno efetivo do agente ao mercado.*[4]

O escopo do microssistema falimentar de 1945 era liquidar ativos para pagamento das dívidas da entidade falida; acerca da empresa em crise, que se valia da concordata, a lei era incapaz de auxiliar no soerguimento.

De fato, não havia instrumentos jurídico-econômicos capazes de buscar o soerguimento daquele que se encontrava em concordata preventiva ou suspensiva.

Não havia nenhuma preocupação em reerguer a empresa em crise econômico-financeira ou patrimonial. Ainda imperava a ideia de comerciante, e não de empresa, como agente econômico organizado.

A lei de 1945 ainda se referia à figura do comerciante e não se preocupava com aquele que estava mergulhado em crise.

O decreto-lei de 1945 estava atrelado à Teoria dos Atos de Comércio, do sistema francês, o que de certa forma prejudicou inúmeras empresas, especialmente a partir dos anos 1970.

Não foram poucos os agentes econômicos retirados do mercado conforme acentuado. A lista de devedores falidos, de fato é grande.

A concordata preventiva, na realidade, muito contribuía para a falência do agente econômico e não para sua recuperação efetiva.

Só abarcava os credores quirografários [Dec.-Lei 7.661/45, art. 147], de modo que de pouca ou nenhuma utilidade o processo judicial.

Deixava os credores de maior vulto distante deste, tais como o credor fiscal e o credor por garantia real [instituições financeiras].

---

4 CLARO, Carlos R. **Recuperação judicial: sustentabilidade e função social da empresa**. São Paulo: LTr Editora, 2009, p. 84.

Nenhum sistema normativo poderia ser considerado eficaz determinando que apenas credor quirografário se submeta à reestruturação. Ao primeiro sinal de crise, o devedor deixa de honrar o pagamento de outras dívidas.

Além disso, a lei não prevê qualquer forma de composição entre devedor e credores - quanto a concordata preventiva -, cabendo o depósito judicial, em parcelas, das dívidas quirografárias (art. 156).

No que se refere à concordata suspensiva, também havia a necessidade de depósito judicial (art. 177), sob pena de realização do ativo arrecadado na falência.

Os regimes elencados no texto normativo de 1945 [concordata preventiva e suspensiva], que tentavam a recuperação do agente econômico em crise, a bem da verdade, visavam os interesses apenas e tão somente dos credores da entidade concordatária.

O Brasil estava atrasado em relação às legislações estrangeiras, que já se utilizavam de outros métodos de reestruturação, inclusive preventivos, como os previstos na lei francesa.

Conforme lei, o concordatário, no âmbito do processo de concordata preventiva, era obrigado a depositar parcelas dos créditos quirografários em juízo, inexistindo outros mecanismos legais para buscar a superação da crise.

Por isso, justamente, a assim denominada "indústria de concordatas", tão referenciada pela doutrina.

Não havia outra maneira de quitar as dívidas, a não se pagamento em juízo, mediante depósitos, conforme art. 156 do Dec.-Lei 7.661/45.

A simples procura pelos credores, já poderia ser considerada ato de falência, levando o comerciante à retirada do mercado (Dec.-Lei 7.661/45, art. 2º, inc. III), bem ao contrário da atual lei, que incentiva a composição entre devedor e credores.

A concordata suspensiva era direcionada ao falido que preenchesse determinados pressupostos legais [art. 177, Dec.-Lei 7.661/45], objetivando a suspensão do processo de falência.

Sendo deferido o pedido, os bens arrecadados eram devolvidos à entidade falida, que readquirira a livre disposição sobre os ativos, com as restrições impostas pelos art. 149 [impossibilidade de venda, alienação ou oneração dos bens ou transferência do estabelecimento, a menos que os credores concordassem].

Foram poucas as entidades que lograram tal êxito e voltaram a operar regularmente no mercado. A grande maioria das concordatárias acabou sucumbindo, ingressando no regime falimentar para, por fim, desaparecer.

Raras foram as concordatas suspensivas (da falência) exitosas. Ao fim do processo, o passivo era muito maior, em decorrência da própria concordata suspensiva e prosseguimento da atividade do devedor.

O Brasil seguia a linha do Código Comercial Francês, mas em 2005 o Decreto-Lei 7.661/45 foi retirado do sistema normativo jurídico nacional. Foi promulgada a lei 11.101/05, com vigência a partir de 09/06/2005.

Quanto aos termos da Lei 11.101/05, pode ser considerada moderna e segue o rumo das legislações de ponta, não obstante as críticas a respeito do teor de vários dispositivos.

De fato, o texto de 2005 poderia ser muito melhor a respeito de vários aspectos, inclusive sobre os requisitos para atuação como administrador judicial no âmbito da falência e da recuperação judicial.

Os enunciados legais hão de ser interpretados de forma teleológica, sistemática e axiológica.

Nessa esteira, Emilio Betti pondera:

> *um intérprete que se limitasse a levar em conta a fórmula legislativa porque é 'escrita assim' ou o costume porque é praticado de tal maneira e prescindisse de indagar qual avaliação normativa constitui sua 'ratio iuris' mostraria ter uma noção bastante mísera do sentido da lei e não cumpriria tal tarefa. A lógica do direito é algo muito mais elevado do que uma pobre lógica formal de cada proposição legislativa; e é tarefa do intérprete espiritualiza-la, considerando como imanente a ela o momento teleológico e percebendo a coerência de todo o sistema.*[5]

Em menos de 20 anos de vigência já sofreu uma alteração (via Lei 14.112/2020) e está prestes a sofrer outra.

O jurista Marcelo Vieira von Adamek, a respeito da Lei 11.101/05, assim se posiciona a respeito do tempo de vigência do texto legal:

---

5 Interpretação da lei e dos atos jurídicos. São Paulo: Martins Fontes, 2007, p. 231.

> *...fato é que, na contínua aplicação da lei à luz da crua realidade, o desacerto de certas escolhas regulatórias iniciais e o surgimento de novos problemas, postos por uma realidade econômica sempre cambiante, tornaram premente a intervenção do legislador, para aprimorar o texto legal*[6].

O pensamento esposado por Jeremy Waldron sobre o tema:

> *Um projeto de lei não se torna lei simplesmente sendo decretado, ocupando o seu lugar em Halsburry ou no livro de estatutos. Torna-se lei apenas quando começa a desempenhar um papel na vida da comunidade, e não podemos dizer qual papel será – e, portanto, não podemos dizer 'qual lei' foi criada -, até quando ela comece a ser administrada e interpretada pelos tribunais. Considerado um pedado de papel com o selo de aprovação do parlamento, um estatuto não é direito, mas apenas uma possível 'fonte de direito'*[7].

Nessa esteira, escrever Orlando Gomes:

> *Através de sua aplicação, a lei testa o seu valor, as, como é aplicada por homens, a valorização se faz sob a influencia dos fatores de ordem 'individual' e de ordem 'social', que condicionam necessariamente sua interpretação*[8].

Salvo engano, ainda persiste a "insuficiência da fórmula legislativa" - no que se refere a determinados dispositivos da Lei 11.101/05 -, qual acentua Emilio Betti em sua clássica obra[9].

---

6 **Estudos e pareceres em recuperação de empresas e falência; obrigações e contratos empresariais: Direito empresarial contemporâneo 4**. São Paulo: Quartier Latin, 2023, pp. 97-98.

7 **A dignidade da legislação**. São Paulo: Martins Fontes, 2003, pp. 11-12. Grifos no original.

8 **Raízes históricas e sociológicas do Código Civil Brasileiro**. São Paulo: Martins Fontes, 2003, p. 106.

9 **Interpretação da lei e dos atos jurídicos**. São Paulo: Martins Fontes, 2017, p. 43.

De fato, o texto de 2005 poderia ser melhor, mais moderna, a respeito de vários aspectos, inclusive requisitos para atuação como administrador judicial no âmbito da falência e da recuperação judicial.

No âmbito de tais processos, como consabido, impera o interesse público, de modo que, não obstante a ausência de previsão legal, quer-se crer que o administrador judicial deve(ria) possuir reconhecida idoneidade moral.

Esta tem estreita ligação com a honestidade de quem se propor ao efetivo exercício do cargo, bem como idoneidade financeira, inclusive para arcar com eventuais prejuízos aos credores, ao devedor e ao próprio Estado.

Não obstante a redução do que era o art. 60 da lei anterior, a idoneidade moral e financeira ainda há de ser exigida, porquanto:

> *(i) A idoneidade moral é prevista o art. 37 da Constituição Federal (A administração pública direta e indireta de qualquer dos Poderes da União, dos Estados, do Distrito Federal e dos Municípios obedecerá aos princípios de legalidade, impessoalidade, moralidade, publicidade e eficiência...), de modo que, o administrador judicial, equiparado a agente público, para fins específicos da Lei 11.101/05, deve ter a idoneidade moral;*
> *(ii) Quanto a idoneidade financeira, por óbvio, deve ser imediatamente provada quando da nomeação judicial.*

O administrador judicial, conforme exposto, responde por prejuízos causados à massa falida, ao devedor e aos credores (atos omissivos ou comissivos), por dolo ou culpa.

Consta a responsabilização de tal órgão da falência e da reestruturação no art. 32 da Lei 11.101/05.

Na falência, diante de seu aspecto eminentemente concursal [execução coletiva, conforme doutrina], deve ter à frente da massa falida um administrador judicial possuidor de efetiva e comprovada idoneidade moral e financeira.

Esclarece Pontes de Miranda:

> *Idoneidade moral' é apara o exercício da função de síndico, a exatidão no cumprimento dos deveres, a probidade no trato dos dinheiros alheios. "Idoneidade financeira' é a situação econômica que assegure aos credores e ao falido, bem como a outros*

> *interessados na falência, a indenização de qualquer prejuízo que cause à massa e, por lei, seja reparável. Não há só indenizabilidade por negligência ou má administração, de modo que se pode falar apenas em culpa*[10].

O Brasil poderia ter seguido, por exemplo, modelo francês, no tocante aos critérios de nomeação do administrador judicial e do liquidante de ativos no âmbito da falência.

Nessa esteira, a discussão teoria a respeito de quem seria legitimado para proceder a venda dos ativos arrecadados no âmbito falimentar, ou seja, se o administrador judicial ou se um terceiro nomeado para tal fim, o "liquidante judicial" [representante dos interesses dos credores][11], ficará para outra oportunidade.

Desde logo cabe alinhar posição de que a previsão de mais um órgão no âmbito falimentar poderá gerar mais custo extraconcursal.

Haroldo Malheiros Duclerc Verçosa acentua:

> *Depois de uma década de tramitação no Congresso Nacional, esperava-se que a Lei 11.101/05 fosse um diploma legislativo modelo, elaborado dentro das mais perfeitas normas de técnica legislativa e organizada segundo um projeto sistemático e harmônico. Infelizmente nada disto aconteceu, dando-se justamente o contrário. Como se sabe, o projeto econômico da referida Lei teve, entre outros objetivos, o de aumentar a segurança dos agentes do mercado nas operações empresariais, do que deveria resultar, em tese, entre outros efeitos, a redução da taxa de juros nas operações bancárias de crédito. Mas, como já disse alguém, 'de boas intenções o inferno está cheio', e toda a estrutura econômica imaginada para resolver os problemas do Dec.-Lei 7.661/45 foi levada abaixo pela enxurrada legislativa que desorganizou os institutos da nova Lei os misturou totalmente, tal*

10 **Tratado de direito privado. Parte Especial. Tomo XXIX**. 3ª ed., 2ª reimpressão. São Paulo: Editora Revista dos Tribunais, 1984, p. 12. Grifos no original.

11 Sobre o tema: Abrão, Nelson. **O novo direito falimentar**. São Paulo: Revista dos Tribunais, 1985.

como se faria com as peças de um imenso quebra-cabeças que fosse colocado nas mãos de um chimpanzé[12].

Para saneamento e recuperação da empresa, busca-se a solução do mercado, conforme legislação norte-americana, principalmente.

Credores e devedor devem apontar quais são os melhores caminhos a serem adotados para a solução da crise momentânea deste.

Nesta esteira, se antes a simples conversa entre devedor e credores numa mesa de negociação poderia dar ensejo a pedido de falência (conforme art. 2º, inc. III, do Dec.-Lei 7.661/45) a partir de 2005 incentiva-se a saída negociada, visando a superação da crise.

Consoante anotado por Luiz Osório Moraes Panza, *por isso que existem expressões como esta: 'com uma canetada, um legislador pode derrubar bibliotecas inteiras'* [13].

Tem razão o doutrinador, pois, em termos de legislação falimentar brasileira, houve giro de interpretação quanto a crise empresarial, seguindo a linha das leis estrangerias mais modernas.

Calcado nos princípios da preservação da empresa, da função social, visando o estímulo da atividade econômica organizada e mantença dos postos de trabalho, a lei de 2005, primeiramente buscar o soerguimento da entidade em crise.

Não havendo condições de reestruturação, a abertura judicial da falência é a medida que se mostra mais correta, até para a segurança do próprio mercado onde atua o devedor em crise.

O devedor insolvente, em crise patrimonial inafastável, deve ser retirado do mercado em que atua, de forma espontânea [autofalência] ou com base em ação formulada por legitimado.

Os gestores empresariais devem estar sempre atentos ao primeiro sinal de crise.

---

12 In – SOUZA JUNIOR, Francisco S. de; PITOMBO, Antônio S. A. de. (coord.). **Comentários à Lei de Recuperação de Empresas e Falência: Lei 11.101/05 – Artigo por artigo.** São Paulo: Editora Revista dos Tribunais, 2007, p. 163.

13 **Recuperação extrajudicial: uma releitura para a valorização de um instituto neoliberal.** In – ABRÃO, Carlos H.; CANTO, Jorge L. L. do; LUCON, Paulo H. dos S. **Moderno direito concursal: análise plural das Leis nº 11.101/05 e nº 14.112/202.** São Paulo: Quartier Latin, 2021, p.105. destaque conforme original.

O filósofo Étienne de La Boétie, fraterno amigo de Michel de Montaigne, apresentando reflexão sobre Ulisses, assevera que este:

> *[...] por mar e terra sempre procurava ver a fumaça de sua casa [...]*[14].

O pensamento de Étienne certamente pode ser estendido aos gestores empresariais, aos incorporadores, aos que estão à frente da atividade econômica organizada em tempos pós-modernos.

As empresas *irremediavelmente perdidas*[15], nas palavras de Nelson Abrão, devem ser imediatamente liquidadas, com a venda urgente dos ativos [pena de sucateamento e desvalorização], a fim que sejam pagas as dívidas.

Ora, se o sinal de alerta não foi observado e inexistiu tempo hábil para tentar socorrer a empresa em crise, havendo reconhecida crise patrimonial, o melhor remédio é a abertura judicial da falência.

Portanto, com base principalmente na legislação francesa e norte-americana, o escopo da atual lei de insolvência é manter [na medida do possível] a atividade produtiva [separe-se a sorte da empresa e dos incorporadores], a fim de que cumpra sua função social e seja sustentável economicamente.

Mas, cabe apenas evitar a falência daquele que realmente tem condições de se reerguer e manter-se atuando no mercado. Manuel Olivencia Ruiz, citado por Nelson Abrão, bem disserta:

> *Trata-se de salvar o salvável, e não de manter a qualquer custo organismos inertes, que deixaram de ser produtivos. Não se trata de manter 'lugares' quando a aguda situação crítica demonstre que não mais pode haver trabalho naquela empresa; nem de investir e perder de vista recursos da comunidade na certeza de seu esbanjamento. Uma empresa em tal situação não se deve conservar, se não que deve cessar, e aí reside o interesse público*[16].

14 **Discurso da Servidão Voluntária**. 4ª ed., 2ª reimp. São Paulo: Editora Brasiliense, 2001, p. 24.

15 **Curso de direito falimentar**. 5ª edição. São Paulo: Livraria e Editora Universitária de Direito, 1997, p. 45.

16 **Curso de direito falimentar**. 5ª edição. São Paulo: Livraria e Editora Universitária de Direito, 1997, p. 45. Grifos no original.

É sempre bom ressaltar que existe distinção básica entre os interesses da empresa (atividade econômica organizada) e os daqueles que a gerem (empresário ou sociedade empresária).

Nesta exata linha, ensina Fábio Konder Comparato, quanto a distinção entre empresa e interesses de seus componentes:

> *A insolvabilidade das primeiras deve se tratada com o objetivo de reerguimento econômico e financeiro, sacrificando-se o interesse de todos os credores não- trabalhistas, inclusive o Poder Público, aos fins sociais que devem orientar a atividade empresarial. É somente no tocante às empresas de interesse particular que se justifica tratar a insolvabilidade como questão meramente creditória*[17].

A partir de 2005 não foram poucas as entidades mantidas no mercado - mesmo que em acentuada crise -, com arrimo na recuperação judicial, sendo que depois acabaram sucumbindo [falência].

Significa isso dizer que, via de regra, a recuperação judicial acabou trazendo mais prejuízos a todos os envolvidos [em virtude de sucateamento de bens, dilapidação de ativos, aumento do passivo pós-recuperação, dentre outras situações].

Os exemplos de insucesso recuperacional são clássicos no Brasil, a partir especialmente da vigência da Lei 11.101/05, descabendo enumerá-los. É gastar tinta, pena e papel com o óbvio.

Escreve Luiz Osório Moraes Panza:

> *Com a entrada em vigor da nova Lei de Falências e Recuperações, a intenção do legislador foi no intuito de permitir não apenas a reorganização empresarial, mas, acima de tudo, resolver problemas envolvendo o devedor e seus credores, preservando, na medida do possível, a atividade de forma mais saudável.*
> *E lembramos que nos referimos a uma ideia de reorganização, pois o escopo da nova lei é, como dito anteriormente, abarcar a nova concepção econômica adotada em diversos países do*

17 Op. cit., p. 15.

> *mundo; a empresa como referencial de proteção, ou seja, a atividade deve ser preservada*[18].

Após a edição da Lei 11.101/05, houve giro interpretativo da situação vivenciada pela empresa em crise no país.

Destaque-se que a recuperação judicial é ação ajuizada pelo devedor ou pelos demais legitimados, mas se não traduz em favor legal, qual o era o Decreto-lei 7.661/45, em relação às concordatas.

Na mesma linha, a reestruturação judicial se traduz em acordo realizado entre devedor e credores, sem que haja, posteriormente, quando da homologação, qualquer favor legal por parte do Estado-juiz.

Primeiramente, há de se implementar a tentativa de soerguimento da empresa que vivencia momento de dificuldade, observando-se uma das formas previstas no texto legal.

Há outros meios de composição direta entre devedor e credores, além de do regime recuperatório extrajudicial, sem que seja necessário requerer a tutela estatal.

Em não sendo possível a reestruturação, saneamento da empresa, a medida que se impõe é a retirada do mercado do devedor (de forma espontânea ou não).

Dito de outro modo, primeiramente empregam-se os meios jurídicos e econômicos para a tentativa de soerguer a empresa.

Diante de crise aguda patrimonial, cabe a imediata retirada do mercado do agente em crise, evitando-se efeito multiplicado, protegendo-se o crédito.

Esta saída se pode dar via autofalência (quando o próprio devedor toma a iniciativa), via pedido formulado pelos demais legitimados ou mesmo em decorrência do encerramento da empresa, contanto que haja, antes, pagamento de todas as dívidas.

A Lei 11.101/05 não pode servir de tábua de salvação dos agentes econômicos inviáveis, com patologia e deficiência financeira e econômica, que deixam de reunir as condições mínimas para permanecer no mercado.

---

18 **Recuperação extrajudicial: uma releitura para a valorização de um instituto neoliberal.** In – ABRÃO, Carlos H.; CANTO, Jorge L. L. do; LUCON, Paulo H. dos S. **Moderno direito concursal: análise plural das Leis nº 11.101/05 e nº 14.112/202**. São Paulo: Quartier Latin, 2021, pp. 102-103.

O neoliberalismo, implantando a partir de 1988, é neste exato sentido.

Por outro lado, interesse público, em termos de reestruturação empresarial e Lei 11.101/05, reside justamente na necessidade de:

(i) Buscar-se, quanto possível, o reerguimento empresarial, a bem do coletivo [sociedade organizada];

(ii) Decretar a falência, a fim de que a crise não tenha efeito multiplicador e acabe por prejudicar o coletivo [a sociedade organizada], em última análise

Manter em atuação organismos empresariais deficitários, em crise patrimonial, insolventes e inviáveis economicamente e que contraem mais dívidas impagáveis, é desprestigiar a lei, o proposito da lei, que é justamente o contrário.

Socorrer de forma indevida quem realmente reúne condições de reerguimento vai contra o espírito da lei e ofende o contido no art. 47.

Socorrer os agentes econômicos em crise patrimonial irreversível é colocar o aparato do Estado [atuação do Poder Judiciário] de forma indevida para fins de tentativa de reerguimento da pessoa jurídica de fato insolvente.

O propósito da Lei 11.101/05 é tentar o saneamento e reestruturação de empresas que sejam viáveis, que reúnam os requisitos legais para retorno efetivo ao mercado.

As entidades falidas, de fato [crise patrimonial irremediável], se não podem valer de regimes recuperatórios.

Assim se posiciona Carlos R. Claro a respeito do tema:

> *Quando o mercado competitivo não mais deseja a empresa mergulhada em crise, porque está ela desatualizada tecnologicamente, ou mesmo porque é má pagadora, ou ainda, porque não reúne as condições mínimas para o desempenho de atividade econômica de forma organizada, certamente que não cabe a intervenção estatal para mantê-la nesse mesmo mercado, sob pena, conforme dito alhures, de a crise se espraiar, criando ainda maiores inconvenientes e prejuízos. É de razoável sabença que a crise empresarial, se não estancada a tempo e modo corretos, fatalmente será multiplicadora, e sem dúvida alguma poderá ofender o próprio crédito público. Nesse exato*

> *passo, Coelho (2005) tem o entendimento de que o instituto da recuperação parece um verdadeiro despropósito no sistema econômico capitalista imperante, e se ninguém quer a empresa, certamente que o Estado não pode impor seja ela aceita por quem quer que seja, mesmo utilizando-se o processo de recuperação judicial*[19].

Importante apresentar o entendimento esposado por Jorge Lobo:

> *Nos 'procedimentos de sacrifício', a lógica do mercado, apanágio do sistema capitalista e da teoria da maximização dos lucros, deve ceder diante da ética da solidariedade, sobretudo quando se trata de uma lei de ordem pública, como sói ser a que disciplina a ação de recuperação judicial, que objetiva preservar a empresa, pois ela tem uma função social a cumprir, manter os postos de trabalho, porquanto o desemprego atenta conta a dignidade da pessoa humana, e garantir o recebimento dos créditos, visto que o crédito é o combustível da atividade econômica e do progresso social* [20].

Resumindo tudo o que foi até aqui exposto:

(i) Primeiro há de se implementar, na exata medida do possível, todos os meios jurídico-econômicos que visam a tentativa de superação da crise [salvar o salvável, consoante Nelson Abrão;

(ii) Segundo, inexistindo condições de reerguimento, porque a crise é irremediável de caráter patrimonial, a falência é de rigor, para o bem do mercado e da própria sociedade, em última análise. Neste caso impera, também o interesse público.

Esta é a alteração apresentada pela Lei 11.101/05, uma lei que – considerando a alteração de paradigma, tendo como base a legislação

19 **Recuperação judicial: sustentabilidade e função social da empresa**. São Paulo: LTr Editora, 2009, p. 183.

20 In - TOLEDO, Paulo F.C. Salles de; ABRÃO, Carlos H. (coords.). **Comentários à Lei de Recuperação de Empresas e Falência**. São Paulo: Saraiva, 2005, pp. 108-109. Grifos no original.

estadunidense - colocou nas mãos do mercado o destino da empresa em crise econômico-financeira.

Os credores, de uma forma ou de outra, estão no mercado e o representam, por assim dizer, especialmente no momento deliberativo, em assembleia geral acerca do plano de reestruturação.

Disserta Luiz Osório Moraes Panza:

> *O próprio instituto da recuperação tem uma gama de princípios consagradores da sua perspectiva de interesse coletivo, como os princípios da viabilidade da empresa, da relevância do interesse dos credores, da publicidade dos procedimentos, da 'par conditio creditorum', da maximização dos ativos e da preservação das empresas, nas palavras de Waldo Fazzio Junior. Na atual legislação, o art. 47 aponta para esses direcionamentos*[21].

A Lei 11.101/05 tem múltiplas dimensões, de modo que os intérpretes hão de ter a ideia da interdisciplinaridade nela existente, a fim de que possam bem compreendê-la e coloca-la em prática, nos casos concretos.

Há necessidade de outros saberes, de diferentes áreas do conhecimento, não apenas relacionados aos ramos do Direito da Empresa ou do Direito da Insolvência, a fim de perfeitamente compreender:

(i) A evolução do sistema concursal no país, ao menos desde 1945;

(ii) Como, de fato, funciona a Lei 11.101/05 e quais são os propósitos;

(iii) O que houve de mudança estrutural no país, quanto a atividade econômica organizada, a partir especialmente dos anos 1970, pelo menos.

A lei outorga proteção, por assim dizer, ao agente econômico que se vê mergulhado em crise econômico-financeira considerada momentânea, buscando sua preservação e mantença no mercado, quanto possível.

Mas, não nem todas as entidades privadas se podem valer da lei.

21 **Recuperação judicial e fomento comercial: Um diálogo entre as fontes sob a perspectiva das decisões judiciais**. In – FACHIN, Edson, ABRÃO Carlos H.; REQUIÃO, Rubens E. (coords.). **O moderno direito empresarial do século XXI: estudos em homenagem ao centenário de Rubens Requião**. Rio de Janeiro: LMJ Mundo Jurídico, 2018, p. 232. Destaque no original.

Necessário verificar se a crise é econômico-financeira [e as reais condições de funcionamento da empresa] ou se há crise patrimonial irremediável.

Nesta situação, a falência é o melhor remédio, sem dúvida.

Por fim, a documentação exigida por lei deve ser completa, para fins de ajuizamento da ação de recuperação.

Esta a diretriz estampada no art. 47 da Lei 11.101/05, e enunciado legal que dá o norte da reestruturação da empresa em crise momentânea.

O art. 47 da lei apresenta princípios e norte almejados, principalmente, manter a função social e incentivar a busca por solução harmônica para afastamento da crise.

Importante ressaltar o aspecto teleológico constante da regra legal: a busca pelo reerguimento empresarial e sua mantença no mercado, sem olvidar dos princípios e objetivos dele constantes.

Visa-se a manutenção da atividade econômica organizada, sua preservação, e não do empresário ou da sociedade empresaria que a exerce.

Interessa, em primeiro lugar, a fonte produtora, até e principalmente para que possa cumprir todos os objetivos sociais e econômicos, inclusive sua função social.

Preserva-se atividade econômica organizada [em sendo possível tal preservação e mantença no mercado competitivo]; descabe preservar quem é o titular desta atividade [Teoria Social da Propriedade].

Esclarece Carlos Roberto Claro o seguinte:

> *O legislador nacional se valeu, efetivamente, do modelo falimentar norte-americano [Código de Falências de 1978], afastando-se por completo do sistema normativo francês, muito embora parte da hodierna doutrina brasileira diga exatamente o contrário [e aqui não há lugar para uma incursão no sistema jurídico norte-americano, pois afastar-se-ia sobremaneira dos objetivos almejados]. E, para ficar apenas em um mero e simples exemplo, note-se que no Brasil o juiz não condutor do processo possui ampla liberdade de impor o plano reorganizacional a credores e devedores (ver as condições determinadas pelo art. 58), enquanto que na lei francesa cabe-lhe, independentemente da vontade dos credores, conceder ou não a recuperação do devedor em crise, pois, interessa, isso sim, a preservação da empresa [atividade econômica]. Impera, em úl-*

> *tima análise, os interesses da sociedade como um todo, e não os interesses particulares. Para tanto, naquele país, o juiz se vale de relatórios e outros dados fornecidos pelo administrador judicial, conforme bem esclarece Eduardo Secchi Munhoz (SOUZA JUNIOR, Francisco S. de.; PITOMBO, Antônio S. de M.[coord.] Comentários à Lei de Recuperação de Empresas e Falências. Lei 11.101/05 - artigo por artigo. 2ª edição. São Paulo: Editora Revista dos Tribunais, 2007, p. 287)*[22].

Prossegue o autor:

> *A reorganização judicial exige, como se sabe, a irrestrita confluência de vários saberes técnico-científicos; a atividade [conjunta] de várias categorias profissionais no decorrer do processo [e, diga-se, até mesmo antes da própria petição inicial], a fim de que se possa colocar em prática justamente o objetivo, o propósito previsto no art. 47. Dito de outro modo, mas exatamente igual alcance, o processo de reestruturação empresarial requer habilidades técnicas [expertises], união de esforços, trabalho efetivamente direcionado para, por exemplo, apresentação de um plano de reorganização compatível com a real situação empresarial e que bem demonstre a viabilidade econômica, para fins de superação da crise*[23].

E mais,

> *Por outro lado, alguns importantes institutos estadunidenses estão presentes na Lei 11.101/05, mas com certos e evidentes temperos, e não se entende o porquê. Ora, se no sistema nacional a opção do legislador foi pela plena negociação direta entre devedor e credores [structured bargaining] na arena denominada de reorganização judicial, para fins de aprovação de um verdadeiro contrato [plano de reorganização], por outro lado, restringiu sobremaneira [e em especial na recuperação judicial] os poderes do magistrado condutor do processo. Esta é a*

22 **Temas de recuperação judicial**. Curitiba: Editora Íthala, 2012, pp. 25-26.

23 Op. cit., p. 40.

> *realidade que se vem constatando. Efetivamente, não obstante o fato de a recuperação se desenvolver por impulso oficial [há um processo, há um pedido de tutela estatal], a Lei 11.101/05 concedeu, por assim dizer, mais poderes aos envolvidos no processo [devedor e credores], para fins de composição livre e harmoniosa de interesses, cujo escopo é justamente a tentativa de superação da crise e retorno do devedor ao mercado competitivo. Na França, a maneira de conduzir do processo de reorganização é outra, completamente diversa do sistema adotado na lei brasileira: as questões são invertidas*[24].

A recuperação da pessoa jurídica que exerce atividade econômica organizada é mais uma questão econômica que jurídica propriamente dita.

Por isso a necessidade de conhecimento aprofundado a respeito de outras ciências, como economia, finanças e contabilidade, por exemplo.

A Lei 11.101/05 é um instrumento válido para fins de (tentativa) reorganização, mas por si só não faz com que a entidade seja retirada da crise e volte a operar regularmente no mercado competitivo.

O texto legal é mais uma ferramenta colocada ao alcance de quem se vê mergulhado em crise, mas há outros vários fatores, inclusive aqueles que giram em torno do mercado.

A solução de mercado, como diz a doutrina nacional e estrangeira, é que dará o caminho a ser trilhado: reestruturação ou falência. alguns escritos são no sentido de que a reestruturação implica na solidariedade de todos os que dela participam. Não se desconhece tal posição doutrinária.

Evidentemente, o aspecto "solidariedade" é relevante no âmbito da reestruturação.

Porém, há de se pondera que, quando da deliberação acerca do conteúdo do plano de reestruturação, nem sempre existe referida solidariedade para com o devedor. Este, não raro, propõem valores baixos e muitos anos para pagamento das dívidas, com carência.

Cabe tomar cuidado, porém, com o crescimento acentuado de agentes econômicos que buscam a tutela estatal, visando a reorganização ju-

24 Op. cit., p. 26.

dicial ou mesmo extrajudicial [fins homologatórios] sem condições, não raro, de se manter no mercado.

Há de se cuidar para que não se reviva tempos outros, mas agora com novo título: a "indústria da recuperação judicial".

Por isso, é de extrema relevância que o magistrado, ao analisar a petição inicial da ação de recuperação, verifique se realmente não é o caso de determinar a perícia prévia, com o diagnóstico preliminar, acerca da realidade empresarial [art. 51-A].

Assim agindo, poderá evitar o curso de recuperação judicial que desaguará em falência, justamente porque a crise é patrimonial irreversível e a empresa não sequer estava operando com as mínimas condições.

Mesmo que o juiz, à vista dos elementos coligidos e considerando o contido no art. 47, observe a regra do art. 58, §1º, da Lei 11.101/05, concedendo a recuperação judicial - considerada a desaprovação do plano [*cram down*], abstraída a ideia de voto abusivo [art. 39, §6º], pois dele aqui não se cogita -, inexiste qualquer certeza de que o agente econômico continuará operando com certa regularidade no mercado, diante do resultado da deliberação.

Conforme dito, o mercado tem suas regras próprias.

Relembre-se, uma vez mais, que o mercado tem racionalidade formal, de modo que, vivenciando crise econômico-financeira, a pessoa jurídica pode buscar a reestruturação, sob um dos regimes previstos em lei, mas há incerteza quanto ao resultado.

Mas se não pode dizer o mesmo quando se trata de crise patrimonial, quando a pessoa jurídica já se encontra irremediavelmente em insolvência.

Destaque-se que o regime recuperatório pode ser utilizado pela pessoa jurídica que atravesse dificuldades financeiras e econômicas passageiras.

Cabe destacar que o art. 50 da lei apresenta uma série de alternativas que poderão ser utilizadas visando a reestruturação, sem descuidar de outras hipóteses, não elencadas no texto legal.

O empresário e a sociedade empresária que estiverem mergulhados em crise econômico-financeira momentânea se poderão valer dos institutos previstos na lei, visando a tentativa de soerguimento, sem descuidar de outras possiblidades recuperatórias nela não previstas (art. 167).

A lei de 2005 buscou criar ambiente favorável para que ocorra solução imediata da crise [com a preservação do crédito], ou seja, que devedor e credores se componham a fim de que as dívidas sejam pagas e possa o agente econômico continuar operando regularmente no mercado competitivo.

O escopo do art. 47 da lei é justamente este, em última análise. Não se olvide das questões atinentes ao mercado competitivo, de acordo com o exposto.

Privilegia-se a composição, a solução harmoniosa, visando a superação da crise e, em tese, a negociação sempre há de ser integrativa, de modo que impera a cedência recíproca, a bem da mantença da empresa em operação no mercado.

A saída da crise é de mercado, não há dúvida, porquanto o Brasil se filiou ao sistema norte-americano, de forma muito mais acentuando do que em relação à lei francesa.

Na arena judicial da reestruturação exige-se ampla negociação [de caráter integrativo] e cedência mútua por parte de todos os envolvidos no regime recuperatório, em âmbito judicial ou fora dele.

Ressalte-se que a negociação distributiva não leva à solução da crise, pois, ao beneficiar apenas uma das partes envolvidas, acarreta vantagem a esta, havendo desequilíbrio e prejuízo à outra participante.

A convergência e a cedência recíproca ainda se traduz na maior saída para a crise do devedor. A abertura judicial da falência pode ser pior e ainda mais prejudicial a todos os envolvidos.

Os credores hão de ponderar se é mais recomendável a tentativa de recuperação [mantendo-se o regime recuperatório], mesmo com perda acentuada de crédito, ou se a falência é medida que se impõe.

Neste caso de falência há o indisfarçável risco de nada receber, por insuficiência de ativos, por exemplo.

Por outro lado, quando inexistem ativos suficientes nem sequer para pagar as dívidas extraconcursais, mais uma vez os credores da falida deixam de receber o que lhes é devido.

Na falência, para que haja alguma perspectiva de recebimento, o credor deve perquirir a respeito dos ativos; deve acompanhar todos os atos do administrador judicial; deve aduzir no processo; deve defender os seus direitos de credor.

Existindo grande volume o ativo arrecadado, onde haja possiblidade de maximização do valor quando da venda judicial, há, em tese, possiblidade de recebimento dos haveres. Entretanto, isso depende, obviamente, de cada caso concreto.

Na arena judicial [conforme Kevin Delaney] da reorganização da empresa em crise, todas as divergências podem ser afastadas, cabendo colocar em relevo a tentativa de soerguimento da entidade em crise, com a cedência dos credores e do próprio devedor, especialmente no que se refere ao plano de reerguimento empresarial.

Importante esclarecer que somente se salva aquele que de fato tenha condições de cumprir as obrigações assumidas no plano de reestruturação. A lei é apenas um instrumento para a tentativa de superação da crise.

Acentua a doutrina:

> *Mediante a apresentação de dados bastante concretos, ao alcance de todos, mas sem resvalar para o sentido empírico que se possa a um primeiro momento estar imaginando, notará o intérprete que a pretendida reorganização judicial guarda limites bem delineados pelo próprio legislador. Não se olvide que o campo hermenêutico de visão deverá estar bastante claro ao intérprete acerca do texto legal, sob pena de só ter em mente o estatuído pelo art. 47 da lei de regência*[25].

Outros acordos estritamente privados entre devedor e credores - contanto que estejam em consonância com a legislação -, poderão ser colocados em prática, visando a tentativa de superação da crise (art. 167).

Não existe a necessidade de requerer a tutela estatal para tentar o soerguimento. Devedor e credores se podem compor na esfera privada, com exceção das dívidas tributárias, que dispõem de regulamentação própria para fins e parcelamento.

Ao contrário do regime anterior, a busca de solução harmoniosa para afastamento da crise é o escopo da lei de 2005.

É de rigor que haja cedência mútua, ou seja, que devedor e credores busquem a negociação integrativa, harmônica, e não a distributiva, a bem da preservação da empresa.

Há de imperar a colaboração de todos [e espírito de cedência recíproca, objetivando a resolução da crise] os envolvidos na arena

25 CLARO, Carlos R. **Temas de recuperação judicial**. Curitiba: Editora Íthala, 2012, p. 31.

judicial denominada de reestruturação, a fim de salvar o agente econômico.

Existem algumas possibilidades de reestruturação empresarial, quais sejam:

> **Recuperação plenamente judicial**: Voltada às médias e grandes corporações, sem descuidar que o procedimento é mais complexo, demorado e com razoável ou elevado custo. Via de regra, portanto, envolve alto custo, inclusive em decorrência da remuneração do administrador judicial, valor destinado ao pagamento de plano, despesas para a realização de assembleia geral de credores; despesa com eventual diagnóstico preliminar, previsto no art. 51-A da lei;
>
> **Recuperação extrajudicial:** Composição entre devedor e credores, de forma mais célere e simples, inclusive envolvendo menos custo financeiro, até porque inexiste a figura do administrador judicial;
>
> **Recuperação judicial especial**: Direcionada às microempresas e empresas de pequeno porte. Este regime que pode ser utilizado pelo produtor rural, devidamente registrado (art. 70-A da Lei 11.101/05), contanto que o valor do passivo não exceda a R$4.800.000,00 (quatro milhões e oitocentos mil reais).

Muito embora a lei seja silente, a interpretação que ocorre é no sentido de que tal montante deve ser considerando na data da distribuição da ação.

A lei deu nova roupagem aos crimes falimentares, trazendo tipos legais novos e acentuando as penas que poderão ser aplicadas.

Alterando radicalmente o texto legal anterior, a nova lei optou por excluir o inquérito judicial, ficando a cargo da autoridade policial a instauração de inquéritos para a averiguação de crimes.

Havendo indícios de materialidade e autoria, o Ministério Público passa atuar, visando a persecução penal, titular da ação que é (CPP, art. 40; Lei 11.101/05, art. 187, *caput* e §2º).

Importante destacar que são apenados (em tese) os crimes praticados no curso da recuperação judicial, bem como os relativos ao regime recuperatório extrajudicial. Há penas de reclusão.

Por outro lado, no que se refere ao regime falimentar, podem ser considerados crimes atos praticados antes ou depois da abertura da falência.

A lei incorporou instituto do direito estadunidense [*Chapter 11* do *Bankruptcy Code* de 1978), ou seja, o *automatic stay period*, que se traduz em certo benefício para o devedor que logra êxito no processamento da recuperação judicial.

Certo fôlego haverá, por assim dizer, a fim de que o devedor se reorganize internamente e com isso possa apresentar em juízo [dentro de 60 dias] plano de reestruturação de consentâneo com a realidade, plausível, redigido com boa-fé objetiva e que seja efetivamente aceito pelos credores.

Plano inconsistente, sem norte, dificilmente é aprovado, avizinhando-se, por consequência, a possibilidade de abertura da falência.

A reforma do microssistema concursal ocorrida no ano de 2020 alterou alguns regramentos legais e trouxe outros importantes.

Ainda há muito a acrescentar na lei nacional, principalmente, a previsão de regimes existentes na lei francesa, tais como os regimes da:

(i) Prevenção das dificuldades [sistema de alerta no qual não se aguarda o agravamento da crise] e da

(ii) Salvaguarda [sem que ocorra a cessação de pagamento, o devedor requer a abertura do procedimento].

Ressalte-se que existe a necessidade de lei para regular a atividade de administrador judicial no país, qual no sistema francês, por exemplo.

Por outro lado, determinados textos legais não sofreram qualquer modificação, perdendo-se oportunidade, uma vez mais, para modernização da Lei 111.101/05, seguindo os passos do sistema francês e italiano, por exemplo.

Porém, muitos dispositivos que poderiam ser alterados, foram mantidos da forma. Os critérios de nomeação e remuneração, bem como as hipóteses afastamento [destituição ou substituição] do administrador judicial, por exemplo, não foram revistos.

A partir do art. 20-A a lei apresenta os institutos da conciliação e mediação, os quais deverão ser incentivados em qualquer grau de jurisdição [mesmo em sede recursal], a fim de que haja composição, visando a mantença da entidade devedora no mercado.

As mediações e conciliações e mediações poderão ser antecedentes ou incidentais ao processo de reestruturação.

É prevista a possibilidade de ajuizamento de tutela de urgência, em caráter cautelar, visando a que sejam suspensas as execuções ajuizadas em face do devedor pelo prazo de 69 (sessenta) dias, com fins conciliatórios em procedimentos de mediação e conciliação já instaurados.

Faltou à lei brasileira, qual o sistema francês, profissionalizar, efetivamente, via redação de outro texto legal, o cargo de administrador judicial, algo quiçá utópico em termos de Brasil, considerando inclusive suas dimensões.

Da lei não existe a exigência de comprovação da idoneidade moral e financeira, o que sem dúvida pode prejudicar a massa falida e credores.

A Constituição Federal estabelece em seu art. 37 que administração pública (Poder Público) deve observar, dentre outros, o princípio da moralidade[26].

---

26 Assim decidiu o TJPR no Agravo de Instrumento n. 900.716-1 e Embargos de Declaração n. 900.716-1/07, relatoria do Juiz Substituto em 2º Grau, Dr. Francisco Jorge. Julg. 12/06/2013. A ementa do acórdão é neste sentido: *EMENTA – DIREITO EMPRESARIAL E PROCESSUAL CIVIL. AGRAVO DE INSTRUMENTO. REDISTRIBUIÇÃO. COMPORTAMENTO CONTRADITÓRIO. BOAFÉ OBJETIVA. PREVENÇÃO. PRECLUSÃO. CHAMAMENTO À ORDEM. INCOMPETÊNCIA ABSOLUTA. NULIDADE DA DECISÃO MONOCRÁRITA EXARADA POR RELATOR INCOMPETENTE. EMBARGOS DE DECLARAÇÃO PREJUDICADOS. PEDIDO DE SUSPENSÃO. EXCEÇÃO DE SUSPEIÇÃO E MANDADO DE SEGURANÇA PENDENTES. PEDIDO DE PROVIDÊNCIA REJEITADO PELO CNJ. REGIMENTO INTERNO. INTERVENÇÃO DE TERCEIRO. INTERESSE MORAL. DIALETICIDADE. DUPLO GRAU DE JURISDIÇÃO. LIMITAÇÃO DOS PEDIDOS. CONTRADITÓRIO. INTERVENÇÃO DO MINISTÉRIO PÚBLICO. PEDIDO DE DESTITUIÇÃO. EFEITO DEVOLUTIVO EM PROFUNDIDADE. MORALIDADE PÚBLICA. OMISSÃO NA CONSTITUIÇÃO DO QUADRO DE CREDORES. EFEITOS DA DESTITUIÇÃO. NECESSIDADE DE SUSPENSÃO DE AVALIAÇÕES E ALIENAÇÕES DE PATRIMÔNIO DA MASSA FALIDA. RECURSO ACOLHIDO.*
1. A boa-fé objetiva, que exerce função limitativa pela vedação ao "venire contra factum proprium", estende-se ao processo, não se limitando ao direito material, razão pela qual não se ordena a redistribuição de recurso quando durante a maioria de seu trâmite o agravado diz que a competência para julgamento seria de determinado magistrado, inclusive impetrando mandado de segurança nesse sentido, mas ao final sustenta que seria de outro.
[...]
13. O administrador judicial desempenha não apenas uma função particular, em favor dos credores, mas é "[...] um agente externo colaborador da justiça [...]" (FÁBIO ULHOA COELHO), com grande influência no resultado do processo falimentar, razão pela qual deve atendimento ao princípio da moralidade aplicável ao Poder Público

A moralidade se traduz em pressuposto de validade dos atos processuais e extraprocessuais praticados pelo administrador judicial.

Afinal, ele é um colaborador do Estado-juiz e deve estar à altura do cargo que exerce.

Cabe a ele, o administrador judicial, respeitar os princípios éticos que devem pautar sua atuação [inequivocamente de boa-fé objetiva], dentro e fora do Juízo.

O princípio da moralidade pública é um verdadeiro "vetor" de sua atuação, cabendo-lhe ser probo no seu agir, dentro e fora do processo em que atua.

A assunção do cargo exige qualidade técnica nos seus trabalhos e no desempenho das funções assim como retidão de caráter em juízo e fora dele.

Em resumo, quem anela o cargo de administrador judicial deve ter em mente estas lições do Tribunal de Justiça do Paraná, em brilhante e denso voto do Desembargador Francisco Jorge:

(art. 37 da CF), de modo que não apenas deve ser honesto, mas também parecer ser honesto, tendo-se assim, numa filtragem constitucional da LFR, a moralidade pública como um dos seus preceitos, e a aparência de idoneidade (art. 21) como um dever do administrador judicial.
14. O fato da lisura dos atos do administrador judicial cuja destituição é pretendida não ser somente objeto de insurgência no feito falimentar onde interposto o recurso, mas em inúmeros outros, somado a conclusões apresentadas em relatório da Corregedoria Geral de Justiça deste Tribunal, constatando série de irregularidades pelo administrador, assim como sendo também questionada sua conduta pelo Ministério Público e também ante a divulgação pela mídia estadual, retira do administrador a "aparência de honestidade" exigida, razão pela qual sua permanência na condição de administrador judicial gera ofensa à preceito moralidade, contrariando e o dever de idoneidade exigidos pela LRF, impondo-se a necessidade de sua destituição (art. 31 LFR).
15. O comportamento de tratar nas entrelinhas a apresentação do rol de credores, e transferir responsabilidades, não condiz com o que se espera de um administrador verdadeiramente engajado no cumprimento da finalidade última do feito falimentar, que é a satisfação dos credores, fato que então reflete sua omissão no caso, a também justificar sua destituição, conforme preceitua o art. 31 da LFR.
16. Como efeito da destituição, o administrador judicial perde a sua remuneração na causa em que é destituído (art. 24, § 3º, da LFR) e também fica impedido de exercer a função de administrador em qualquer outro feito (art. 30 da LFR).
A expressão *venire contra factum proprium*, já citada, significa: ninguém se pode comportar contra seus próprios atos.

não apenas deve ser honesto, deve também parecer ser honesto, de modo a então, numa filtragem constitucional da LFR, encontramos a moralidade pública como um de seus preceitos e a aparência de idoneidade (art. 21) como um dever do administrador judicial.[27]

Reitere-se que o administrador judicial, ao assumir o cargo, exerce cargo de interesse social, de modo que o juiz, ao nomeá-lo, há de seguir a linha estabelecida pelo artigo constitucional.

O trato da insolvência internacional pode ser citado como exemplo, até porque agora o Brasil se equipara, em termos de legislação, ao sistema utilizado por outros países.

De fato, a alteração legal aprimorou a Lei 11.101/05, mas ainda há muitos detalhes que devem passar pelo crivo do legislador.

O Brasil estava atrasado em relação a legislação de alguns países europeus [Itália e França, por exemplo].

A cooperação internacional é salutar, porquanto visa a preservar a proteção [e otimização] de ativos do devedor, com a consequente maximização do valor de mercado.

Por outro lado, busca-se a preservação de investimentos e de empregos. Ainda, consta da lei capítulo sobre o acesso de representante estrangeiro à jurisdição nacional.

Em resumo, a lei de 2005 se afastou da Teoria dos Atos de Comércio e encorpou a Teoria da Empresa, de modo que não mais se fala em comerciante, qual consta do art. 1º do ab-rogado Dec.-Lei 7.661/45.

Passou-se a considerar a empresa como atividade econômica organizada, conforme art. 966 do Código Civil, que inclusive se valeu da legislação italiana de 1942.

Portanto, a liquidação da empresa não mais é o escopo, mas sim, segunda opção, caso o soerguimento seja impossível e esteja em crise patrimonial irreversível.

No tocante especificamente à reorganização do agronegócio, a alteração da lei em 2020 proporcionou para aquele que exerce a atividade rural se possa valer de um dos institutos recuperatórios nela previstos (art. 48, §2º), consoante exposto no decorrer da obra.

27 Acórdão citado.

Por força do art. 49, §6º, da lei, só estão sujeitos ao regime recuperatório judicial os crédito que sejam em decorrência exclusiva da atividade rural e constem de documentos previstos nas regras dos parágrafos 2º e 3º do art. 48, ainda que não vencidos ao tempo de propositura da ação.

2.2. O artigo 47 da Lei 11.101/05

O art. 47 da lei, considerando sua amplitude e importância, para fins de tentativa recuperatória, deve ser destacado na obra.

Dele consta o escopo da lei e os princípios a serem seguidos por todos os envolvidos no processo judicial.

Trata-se de dispositivo de extrema relevância no âmbito recuperacional, dado seu caráter principiológico, sua teleologia e diretrizes a serem buscadas, na medida do possível.

Conforme dito, sempre na medida do possível, justamente porque se não pode manter no mercado agente econômico deficiente, que não reúne as mínimas condições para nele operar.

O dispositivo legal foi redigido na esteira dos princípios constitucionais, dos princípios gerais da atividade econômica organizada e segue a linha do direito comparado (em especial legislação estadunidense e francesa, com algumas diferenciações).

Destaca Jorge Lobo:

> *A recuperação judicial baseia-se nos princípios da: a) conservação e função social da empresa; (b) dignidade da pessoa humana e valorização do trabalho; e c) segurança jurídica e efetividade do direito, conforme se depreende do art. 47*[28].

A lei busca evitar a falência do devedor; pretende que se mantenha no mercado, e para isso há mecanismos jurídico-econômicos que podem ser utilizados para fins de (tentativa) soerguimento. Lembre-se: tentativa de enfrentamento da crise, via Lei 11.101/05

Levando em conta a significativa alteração legal, afastando a legislação de 1945, impera a tentativa de soerguimento [quanto possível] do

---

28 In - TOLEDO, Paulo F.C. Salles de; ABRÃO, Carlos H. (coords.). **Comentários à Lei de Recuperação de Empresas e Falência**. São Paulo: Saraiva, 2005, p. 110.

agente econômico, preservando-o a fim de que cumpra sua função social, tendo com base, inclusive, princípios de cunho constitucional.

Por outro lado, deve ocorrer o pagamento das dívidas do devedor, de modo que, se de um lado a lei busca a preservação do ente (e demais aspectos previstos no art. 47).

Para tanto, cabe a apresentação de plano de reerguimento compatível com a realidade econômica empresa deficitária, redigido de boa-fé objetiva e tendente à satisfação dos credores.

Esse é o equilíbrio que busca a lei. É esse equilibro [firme convergência, para fins de composição} que há de ser alcançado por devedor e credores.

Com a mantença da pessoa jurídica em operação, são preservados os empregados, há geração de lucros e riquezas, bem como pagamento de credores (gerais) e de tributos.

Com isso, não há crise de mercado (em determinado setor, no qual opera o devedor em crise), de modo que há previsibilidade, calculabilidade, segurança, constância e regularidade, qual observa o insigne Eros Roberto Grau[29].

O mercado possui linguagem, regras e diretrizes próprias e nem sempre o devedor nele consegue se manter, justamente porque o próprio mercado pode refutar sua presença, de acordo com o exposto no decorrer.

Traz-se à colação importante entendimento de Eros R. Grau, na qualidade de Ministro do Supremo Tribunal Federal, em voto exarado na ADI 1.950/SP:

> *Assim é porque o mercado é uma 'instituição jurídica'. Dizendo-o de modo mais preciso: 'os mercados são instituições jurídicas'. A exposição de NATALINO IRTI é incisiva: o mercado não é uma instituição espontânea, natural – não é um 'locus naturalis' – mas uma instituição que nasce graças a determinadas reformas institucionais, operando com fundamento em normas jurídicas que o regulam, o limitam, o conformam; é um 'locus artificialis'. O fato é que deixaremos a economia de mercado desenvolver-se*

29 **Por que tenho medo dos juízes: (a intepretação/aplicação do direito e os princípios).** 7ª edição. São Paulo: Malheiros, 2016.

> *de acordo com suas próprias leis, ela 'criaria grandes e permanentes males'*[30].

O grande risco, por assim dizer, a quem ingressa com a ação de recuperação judicial ou busca seus credores visando a reestruturação extrajudicial e requer posteriormente a homologação judicial, é que, ingressando na arena, salvo se desistir antes que ocorra a decisão do art. 52 (vide art. 52, §4º), é ver em práticas apenas duas hipóteses:

(i) A reestruturação será exitosa, com seu retorno efetivo ao mercado competitivo ou

(ii) Será retirado do mercado, via abertura judicial da falência.

Esta refutação pode ocorrer, por exemplo, em virtude da obsolescência de produtos fabricados e serviços fornecidos; não acompanhamento da evolução (principalmente tecnológica) ou mesmo, o fato de que o segmento em que a empresa opera sofreu significativa mudança.

Destaque-se, por oportuno, que o vocábulo "arena" é utilizado Kevin Delaney em sua clássica obra. Escreve o autor:

> *The cases I have chosen to call 'strategic bankruptcies' exhibit three key elements. First, the firm declares bankruptcy to pursue a limited organizational or political goal tha it had unsuccessfully pursued outside of the bankruptcy arena. Second, the firm (and perhaps some of the firm's creditors) actively shape the claim to bankruptcy through strategic actions (e.g., recording liabilites on a balance sheet after years of fighing to keep them off it, or shifting assets from one corporate unit to another). Alternative defintions of the firm's financial condition are readily available (i.e., the firm could be plausibly defined as 'not bankrupt' as well) but are not chosen. Finally, the cases involve innovative legal strategies aimed at legitimating the firm's claim to bankruptcy*[31].

30 Destaques no original.

31 **Strategic Bankruptcy: How Corporations and Creditors use Chapter 11 to their** Advantage. California: University of California Press, 1998, p. 161. Tradução livre: *Os casos que escolhi chamar de 'falências estratégicas' exigem três elementos-chave. Primeiro, a empresa declara falência para procurar a organização ou ideal*

Em resumo, a lei busca a contribuir para que haja seja mantida a fonte produtora, com a geração de recursos financeiros e empregos.

Demais, a reestruturação empresarial é uma das formas de estímulo à atividade econômica empresarial, evitando-se a retirada do devedor do mercado, sendo esta opção secundária.

Importante tentar o soerguimento do agente econômico, quanto possível, de modo que a lei, por si só, não retira as empresas da crise.

O texto legal é tão somente um instrumento jurídico, com conteúdo econômico, criado pelo legislador, visando a tentativa de superação do estado deficitário momentâneo.

A lei se traduz em importante instrumento para fins de [tentativa de] superação da crise e viabilidade da empresa no mercado, mas, por si só, não o recupera, até porque reerguimento.

É de se destacar, conforme vem sendo exposto, que há de se buscar os meios para que se tente a recuperação judicial, não significando que todo e qualquer agente econômico em crise retornará ao mercado.

Salve-se quem pode se salvar e continuar atuando regularmente; retire-se da crise quem tem, de fato, as condições de permanência no mercado competitivo.

Decrete-se a abertura judicial da falência daquele agente econômico que não reúne as mínimas condições de atuar no mercado competitivo, a bem deste e da própria sociedade organizada, em última análise [interesse púbico prevalente no âmbito do processo de reestruturação].

Ao primeiro sinal de alerta, cabe aos titulares, os responsáveis pelo agente econômico, tomar imediatamente todas as medidas tendentes a afastar a imediatamente crise econômica ou financeira.

político que não conseguiria fora do processo. Segundo, a empresa (e talvez alguns credores) diligencia evitar o processo de falência através de ações estratégicas (por exemplo, relatório e balanços para demonstrar que tentam evitar o processo, mudando o patrimônio de uma unidade para outra). As alternativas da empresa estão disponíveis. Poderia ser definida como empresa correta. Finalmente, estes casos envolvem estratégias inovativas legais almejando a legitimação da empresa para requerer a falência. Novos argumentos legais e decisões da corte são feitas para estender o alívio desse específico caso para outro caso. Por intermédio deste alargamento, muitos problemas societários são trazidos para dentro da falência. Apud – CLARO, Carlos R. **Recuperação judicial: sustentabilidade e função social da empresa**. São Paulo: LTR Editora, 2009, p. 133. Destaques no original, qual consta da obra norte-americana.

Os gestores devem estar à frente da atividade empresarial, cientes de tudo o que ocorre o âmbito da pessoa jurídica.

O comando acerca da atividade empresarial há de partir deles, dos titulares ou daqueles que são nomeados para estar à frente do negócio.

De fato, se não devem furtar quanto ao agir de boa-fé objetiva e com pensamento na empresa [interesses desta e não de seus titulares], pena de responsabilização pessoal nas várias esferas.

É responsabilidade sua o agir metodicamente correto a fim de que ocorra a imediata reestruturação, em caráter interno, ou mesmo judicial e extrajudicial.

Havendo crise econômico-financeira é possível [em tese] buscar o soerguimento (em tese), contanto que todos os requisitos legais se façam presentes.

Entrementes, estando a empresa mergulhada em crise patrimonial inarredável, irreversível, a abertura judicial da falência - por iniciativa do próprio devedor ou mesmo outro legitimado - é de rigor, a fim de que seja mantida a regularidade e segurança do mercado e inexista efeito multiplicador da crise, afetando, eventualmente, outras entidades, em última análise.

Ocorrendo situação de crise patrimonial, a falência se impõe, a bem da própria entidade devedora, seus colaboradores, clientes e credores.

A retirada do devedor, a depender do caso concreto, poderá ser imprescindível, porquanto os meios recuperatórios não foram suficientes à mantença da empresa no mercado.

Em última análise, cabe a proteção do mercado, a fim de que a falência de um agente econômico não espraie efeitos sobre outros, com efeito multiplicador, causando, inclusive, desestabilização do sistema econômico nacional.

A lei visa a preservação da empresa, na medida do possível, ou, melhor dizendo, salvar as que realmente reúnem as condições para tanto.

Reerguido, o agente econômico poderá levar a efeito sua função social[32], com efetiva atuação no mercado.

32 CF, art. 1º, incisos III e IV; art. 170, caput e incisos III e IV.

Sobre a preservação da empresa, acentua Carlos R. Claro:

> *O tema condizente com a função social não é uníssono, pelo menos na doutrina nacional. De um lado, os pensadores esposam o entendimento de que existe a função social da empresa, embasando seus assertos justamente na Constituição Federal, quando trata da função social da propriedade; e de outro lado, há pensadores que entendem que em função social da empresa não se pode falar, no rigor da terminologia adotada [...] Pode-se afirmar que o princípio da função social da empresa é um importante corolário lógico do princípio da função social da propriedade privada, e este, se no passado recente era compreendido como direito absoluto, a Constituição Federal apresentou limitadores, que tem, sem dúvida, um viés social, impondo restrições à livre disposição da propriedade*[33].

Prossegue o autor:

> *Entende-se, pois, que para falar em sustentabilidade da empresa se torna necessário, antes, verificar se está ela cumprindo suas obrigações de forma ética e moral, contribuindo para o crescimento e desenvolvimento da sociedade de pessoas na qual se insere. A sustentabilidade tem, pois, relação direta e visceral com o cumprimento do objeto social da empresa, que, procurando manter-se no mercado, também busca reproduzir-se com responsabilidade social*[34].

O texto legal, dando ênfase à mantença da atividade econômica organizada, acaba por reconhecer de forma firme a grande importância que a empresa tem no cenário nacional.

A empresa, com agente econômico vivo, é indiscutivelmente, relevante fonte geradora de recursos, contribuindo para que a cadeia produtiva não tenha elos quebrados e continue em plena atuação.

---

33 **Recuperação judicial: sustentabilidade e função social da empresa**. São Paulo: Editora LTr, 2009, pp. 189-190.

34 .Op. cit., p. 189.

As disposições do art. 47 - princípios e diretrizes - ao que se nos parece afasta-se de outros enunciados constantes da mesma Lei 11.101/05, bem como de determinadas leis.

Sem dúvida, há certo privilégio a determinados credores, principalmente o fiscal [não se olvida da indisponibilidade do crédito fiscal] e aqueles que detenham determinada garantia (propriedade fiduciária, por exemplo).

Outros credores, os quirografários, por exemplo, não raro, são tratados de forma completamente diferente, quando se põe em mesa o plano de reestruturação (elevado deságio e lapso temporal quiçá exagerado para cumprimentos das obrigações contratuais – o plano é um contrato - assumidas].

Alguns importantes credores - com valores mais expressivos -, de uma forma ou de outra, acabam ficando fora do âmbito recuperacional, o que pode prejudicar a negociação coletiva e o efetivo soerguimento empresarial.

3. CRISE EMPRESARIAL

O pensador Jurgen Habermas esclarece que as crises [sentido amplo do vocábulo]:

> *Surgem quando a estrutura de um sistema social permite menores possibilidades para resolver o problema do que são necessárias par a contínua existência do sistema. Neste sentido, as crises são vistas como distúrbios persistentes da integração do sistema. Pode ser objetado contra a utilidade cientifica-social deste conceito, que ele não leva em conta as causas internas de uma sobrecarga 'sistemática das capacidades de controle, ou de uma impossibilidade de resolver 'estruturalmente' os problemas de controle. As crises nos sistemas sociais não são produzidas através de mudanças acidentais no conjunto, mas através de imperativos sistêmicos inerentes estruturalmente, que são incompatíveis e não podem ser integrados hierarquicamente*[35].

35 **A crise de legitimação no capitalismo tardio**. 2ª edição. Rio de Janeiro: Edições Tempo Brasileiro, 2002, p. 13.

Sobre a crise econômica propriamente dita, afirma que:

> *é o primeiro (e talvez único) exemplo na história mundial de uma crise sistêmica caracterizada do seguinte modo: a saber, que a contradição dialética entre membros de uma sociedade transforma-se em contradições sistêmicas ou problemas de condução estruturalmente insolúveis. Através deste deslocamento de conflitos de interesse ao nível de condução do sistema, as crises sistêmicas ganham uma objetividade rica em contraste. Ela tem a aparência de catástrofes naturais, que irrompem do centro de um sistema de ação racional proposital*[36].

O termo "crise", de um modo geral, significa adversidade, desajuste, desequilíbrio, dificuldade quanto a determinado problema vivenciado.

A crise empresarial, a econômico-financeira, pode, em tese, levar a pessoa jurídica a se valer de algum dos regimes recuperatórios previstos na Lei 11.101/05.

Para tanto, exame circunstanciado da crise há de se levado a efeito, visando a estabelecer os nortes a serem seguidos. Isso tudo deve ocorrer tão logo ocorra o primeiro sinal de alerta.

Dito de outro modo, o diagnóstico a respeito de qual é a crise efetivamente enfrentada apontará qual o melhor remédio a ser utilizado.

No âmbito empresarial significa vulnerabilidade e surgimento de problema que pode impactar as operações desenvolvidas pelo agente econômico.

Pode ser exteriorizada de algumas formas: crise patrimonial, econômica e financeira.

Ao primeiro sinal de alerta quanto a crise que se avizinha, ou se encontra em estágio inicial, devem os incorporadores buscar soluções funcionais, práticas, metodologicamente alinhadas.

O agir rápido pode fazer com que haja sobrevivência da empresa e mantença no mercado, evitando-se regime recuperatório, quanto possível.

36 Op. cit., p. 45.

Por outro lado, há necessidade de um fazer ético, responsável e coerente, a fim de imediatamente afastar a crise, mantendo-se as empresa em operação.

Quando se tratar de crise financeira e econômica, será possível tentar o soerguimento, porque ainda há ativos que (em tese) podem ser utilizados para fins de composição com os credores ou mesmo vendidos para honrar as dívidas mais imediatas.

Em se tratando de crise patrimonial, o devedor já está em outro nível de situação, porquanto o valor das suas dívidas superara o valor de seus ativos.

É a precisa situação em que há mais dívidas do que patrimônio, sendo que a falência se traduz no único remédio cabível ao que não mais pode permanecer no mercado, porquanto insolvente.

A gestão da crise, ao primeiro sinal de alerta, se torna imprescindível, a fim de evitar a retirada da entidade do mercado e efeito multiplicador em relação a outros operadores. Essa gestão da crise cabe aos titulares da pessoa jurídica, e não a outros.

A recente pandemia sanitária fez com que muitas entidades estáveis, operando regularmente no mercado, tivessem de se readequar ou mesmo pedir a tutela estatal, visando a se valer de algum remédio recuperatório previsto na Lei 11.101/05.

Não foram poucos os agentes econômicos que sucumbiram, pois, presente a crise patrimonial irremediável.

Por outro lado, vários outros conseguiram soerguimento, e se mantêm atuando, mesmo que de forma precária e com muitas dificuldades, principalmente de acesso ao crédito bancário.

Quando a pessoa jurídica se vê diante de crise patrimonial significa que a sua retirada do mercado é iminente, porquanto o momento é delicado, de crise irreversível.

Dificilmente um agente econômico não passa por crise durante sua existência. As crises nem sempre ocorrem por má gestão ou de não observância dos sinais de alerta, mas também em virtude de fatores externos.

Há mais dívidas do que bens passíveis de alienação e aguda é a crise vivenciada pela pessoa jurídica; não existem mecanismos jurídico-econômicos para a tentativa de reerguimento empresarial.

A falência, destarte, é a única saída, porquanto ativos são insuficientes para honrar obrigações livremente assumidas.

Quanto a crise, pondera a doutrina:

> *a patrimonial tem a ver com ativos empresariais, insuficientes para honrar as obrigações livremente assumidas. Quando a entidade possui mais dívidas que bens, o sinal de crise é agudo, acentuado e requer providências, até mesmo o imediato pedido de abertura judicial da assim denominada autofalência (Lei 11.101/05, art. 105). Em resumo, a insolvência está materializada, sendo que o passivo da entidade é maior que o ativo e, neste caso, não há como se valer de um dos institutos recuperatórios, sob pena até de ocorrer efeito multiplicador em relação ao próprio mercado no qual se insere o devedor*[37].

Quando a pessoa jurídica se depara com crise econômica, ainda é possível tentar, na medida do possível, o soerguimento, mas a tomada de decisão há de ser urgente, rápida, pois, se pode tornar irreversível.

Na crise econômica, os rendimentos caem, não surgem clientes e os negócios deixam de ter regular prosseguimento.

A crise sanitária mundial pode ser utilizada, mais uma vez, como exemplo, pois, muitas entidades viram a retração da atividade econômica, a queda de faturamento e a ausência de novos negócios.

Esta crise, como dito, fez com vários devedores se vissem obrigados a buscar um meio solutório, visando se reerguer, mantendo sua operação no mercado.

Aqueles que não tiveram mínimas condições de continuar operando acabaram por fechar as portas, gerando inclusive crise social, diante do desemprego.

No que se refere à crise financeira, esta se traduz na falta de recursos financeiros, não podendo o devedor honrar as obrigações a tempo e forma correta. Não há dinheiro em caixa para pagar as dívidas na data aprazada.

37 CLARO, Carlos R. **Apontamentos sobre o diagnóstico preliminar em recuperação judicial. Abordagem zetética**. In – ABRÃO, Carlos H.; CANTO, Jorge L. L. do; LUCON, Paulo H. dos S. (coord.). **Moderno direito concursal – Análise plural das Leis n. 11.101/05 e n. 14.112/20**. São Paulo: Quartier Latin, 2021, p. 52.

A propósito:

> *A crise é de liquidez, da falta de recursos financeiros para o giro empresarial; não há faturamento para fazer frente ao pagamento das dívidas. Dito de outro modo, a entidade não tem caixa e atravessa dificuldade, momentânea ou permanente. Esta crise, por si só, pode (em tese) desencadear o processo recuperatório*[38].

Considerando o primeiro sinal de crise, os titulares da empresa devem imediatamente agir, quer por força de lei, quer por força de comprometimento em contrato social ou em estatuto, a fim de que sejam tomadas medidas urgentes.

Imediatamente identificar as causas da crise e se utilizar de estratégia a fim de contê-la se traduz em obrigação dos titulares da empresa.

Para tanto, buscar a tutela estatal, via meio recupertório que melhor se amolde ao caso concreto, pode ser uma saída razoável para manter as operações.

4. REQUISITOS LEGAIS DA REESTRUTURAÇÃO

O devedor em crise que se quiser valer do regime recuperatório judicial, haverá de observar algumas determinações legais, sob pena de indeferimento da petição inicial.

Em primeiro lugar, precisará, necessariamente, ser empresário ou sociedade empresária, com registro de seus atos constitutivos no lugar próprio (Junta Comercial - art. 1º da Lei 11.101/05).

Em segundo lugar, deverá provar que exerce atividade econômica por mais de 2 (dois) anos e que atende a determinadas condições delineadas no art. 48, tais como:

(i) Não ser falido e, se o foi, provar que foram declaradas extintas suas responsabilidades, por decisão judicial transitada em julgado;

38 CLARO, Carlos R. **Apontamentos sobre o diagnóstico preliminar em recuperação judicial. Abordagem zetética**. In – ABRÃO, Carlos H.; CANTO, Jorge L. L. do; LUCON, Paulo H. dos S. (coord.). **Moderno direito concursal – Análise plural das Leis n. 11.101/05 e n. 14.112/20**. São Paulo: Quartier Latin, 2021, p. 51. Destaque no original.

(ii) Não ter há menos de 5 (cinco) anos, obtido a concessão de recuperação judicial;

(iii) Não ter á menos de 5 (cinco) anos obtido a recuperação judicial com base em plano especial de microempresa e empresa de pequeno porte;

(iv) Não ter sido condenado ou não ter, na qualidade de administrador ou sócio controlador, pessoa condenada por quaisquer dos crimes falimentares previstos na lei.

O fato de ter ajuizado anteriormente a recuperação judicial, sem que o processo chegasse á decisão do art. 58 da lei, não impede a renovação da ação, porquanto o inciso II veta que o mesmo devedor que obteve a concessão volte a ajuizar nova demanda. A situação prevista no inc. III é exatamente a mesma.

5. INAPLICABILIDADE DA LEI

Estabelece o art. 2º da Lei 11.101/05 que não é ela aplicável a empresa publica [Constituição Federal, art. 173 e §1º] e a sociedade de economia mista [Lei 6.404/76, art. 235 e seguintes. CF, art. 173, §1º][39].

No que se refere à sociedade de economia mista, desempenha atividade econômica ou presta serviços públicos ou de utilidade pública. A maioria de seu capital social com direito a voto está na mão do Estado.

Bem esclarece o jurista Luiz Inácio Vigil Neto:

> *Não há dúvida da compatibilidade, ao menos teórica, da aplicação de um regime recuperatório ou mesmo liquidatório de caráter para agentes econômicos de Direito Público, o capítulo IX do 'Bankruptcy Code' é um exemplo disso*[40].

39 Lei 13.303/2016.

40 **Teoria falimentar e regimes recuperatórios: estudos sobre a Lei n. 11.101/05**. Porto Alegre: Livraria do Advogado Editora, 2008, p. 82. Grifos no original.

Nessa esteira,

> *A finalidade da proteção legal ao município em dificuldade momentânea é protegê-lo contra os credores enquanto negocia plano de reestruturação. Por isso o 'automatic stay period' também em relação aos municípios.*
> *A grande e significativa diferença entre este Capítulo 9 e o Capítulo 11, que trata da reorganização judicial, é que os municípios não terão declarada a falência - liquidação de ativos - porquanto o ato ofenderia a Décima Emenda à Constituição dos Estados Unidos*[41].

Paulo F.C. Salles de Toledo ensina:

> *Quanto à sociedade de economia mista, entretanto, a solução encontrada significa, na verdade, um retrocesso. Tenha-se em vista que ela, por definição legal, caracteriza-se principalmente por ser uma companha controlada majoritariamente pelo Estado, titular da maioria de suas ações votantes [...] Além disso, essas sociedades atuam no mercado ao lado das empresas privadas, concorrendo com estas. Por que motivo, em caso de insucesso empresarial, não seriam submetidas às mesmas consequências jurídicas e econômicas a que estão sujeitas as demais empresas?*[42].

De fato, a sociedade de economia opera no mercado, assume riscos e pode entrar em crise. O remédio mais adequado seria valer-se de um dos institutos recuperatórios previstos na lei 11.101/05.

Porém, por mera opção, o legislador deixou tal agente econômico distante da lei, uma vez mais.

Por outro lado, também estão fora de seus termos as instituições financeiras públicas e privadas, as cooperativas de crédito, consórcios,

41 CLARO, Carlos R. **Reestruturação de municípios no Bankruptcy Code Norte-Americano**. https://jus.com.br/artigos/96494/reestruturacao-de-municipios-no-bankruptcy-code-norte-americano. Acesso: 21/07/2023. Grifos conforme original.

42 TOLEDO, Paulo F.C. Salles de; ABRÃO, Carlos H. (coords.). **Comentários à Lei de Recuperação de Empresas e Falência**. São Paulo: Saraiva, 2005, p. 5.

entidade de previdência complementar, sociedade operada de plano de assistência à saúde, sociedade seguradora, sociedade de capitalização e outras legalmente equiparadas.

Todas possuem regramentos legais específicos, que eventualmente podem desembocar na Lei 11.101/05, a elas aplicando o regime falimentar.

O enunciado legal comporta alguns breves comentários.

A empresa púbica e a sociedade de economia mista não podem buscar meio recuperatório e muito menos falir. É a assim denominada exclusão absoluta.

Porém, as companhias de seguro, as operadoras de planos de assistência à saúde (caráter privado), as sociedades de capitalização e as instituições financeiras, em caso de crise, primeiro passarão por intervenção ou liquidação.

Depois podem, eventualmente, entrar no regime de falência, em conformidade com a Lei 11.101/05.

Quanto as operadoras de planos de saúde, também podem passar por liquidação e depois entram na falência.

No que se refere às instituições financeiras de caráter público ou privado, há processo de intervenção ou liquidação (Lei 6.024/74) e depois podem ingressar na falência. Em casos tais, a exclusão é relativa, quanto a Lei 11.101/05.

6. LEGITIMIDADE ATIVA

Ao contrário da lei norte-americana, a lei não concede legitimidade ativa processual ao credor para ingressar com ação de recuperação judicial do devedor.

Portanto, no regime concursal brasileiro, em determinada situação, os credores poderão apresentar plano de soerguimento, mas não detém legitimidade ativa processual para ingressar com ação, visando a reestruturação do devedor comum.

Pode ser que haja evolução legislativa e a Lei 11.101/05 venha a contemplar a hipótese de permitir a ação por parte de credores.

Esclarece a doutrina:

> *A reorganização judicial pode ser requerida por qualquer tipo de empresa em crise, e também (o que se traduz em importante diferença se comparada à lei brasileira), pode ocorrer o chama-*

> *do "[...] requerimento involuntário, que se traduz na maneira de forçar o devedor a entrar em bancarrota", consoante adverte Lobo (1993, p. 120). O requerimento é formulado, então, pelo credor, que tem receio quanto a inadimplemento da obrigação assumida pelo devedor. Este, ao ser aceito o pedido de reorganização judicial, passa a ser legalmente chamado de devedor possuidor, que permanece à frente da empresa em crise. Pode um credor, conforme já exposto, requerer a observância do Capítulo XI, denominando-se de involuntary bankruptcy, e para tanto faz-se necessário que o requerimento de reorganização seja levado a efeito por três credores que em conjunto representem créditos por um montante não inferior a 10 (dez) milhões de dólares, líquidos; não sejam credores por garantia "secured creditors", e não sujeitos a disputa de boa-fé, salvo se o devedor tenha menos de 12 (doze) credores quirografários, caso em que basta um só credor que detenha o crédito igual ou superior a 10 (dez) milhões de dólares para a formulação do pleito, tal como adverte Juan Vial (2004, p.131)*[43].

Além do próprio devedor [com legitimidade primária, porquanto é o maior interessado no soerguimento da empresa], concede-se a legitimidade de ingressar com a ação: cônjuge sobrevivente (do empresário individual), herdeiros do devedor (do empresário individual), inventariante (do empresário individual) e sócio remanescente (art. 48, §1º).

6.1. O devedor

Em primeiro lugar, o empresário ou sociedade empresária têm legitimidade ativa para se valer da Lei 11.101/05 [de somenos importância qual o tipo de atividade econômica exercida, contanto que lícita, obviamente].

Trata-se, pois, de legitimidade primária, sendo de considerar que o próprio devedor, mais do que ninguém, tem interesse na reestruturação empresarial.

É o que está expresso nos artigos 1º e 48 do diploma legal.

---

43 CLARO, Carlos R. **Recuperação judicial: sustentabilidade e função social da empresa**. São Paulo: LTr Editora, 2009, p. 124.

Dito de outro modo, a lei somente é aplicável a quem detém registro perante a Junta Comercial.

Sobre o tema, pondera Carlos R. Claro:

> *Estabelece o art. 122, inc. IX da Lei 6.404/76, que a assembleia geral extraordinária [a competência é sua - privativa e indelegável -, por força do art. 131 do mesmo texto legal] de acionistas tem a competência privativa para autorizar o administrador (via de regra, a diretoria [órgão presentante legal que é]) da companhia a confessar falência [autofalência] e requerer recuperação judicial [...] A expressão é aberta, não sendo especificado na lei, ao menos exemplificativamente, em quais hipóteses poderia ocorrer o ajuizamento da demanda e só depois a assembleia deliberar a respeito, isto é, se foi ou não correta a concordância/autorização do acionista controlador, para fins de ingressar em juízo*
>
> *Por mais que a diretoria seja investida de poderes para agir judicialmente, tais poderes são relativos e provisórios, persistindo até que haja conclave para (i) chancelar o ato ou (ii) vedar o pleito judicial. Em última análise, a assembleia ratifica ou não o ato praticado pelos administradores.*
>
> *Por outro lado, se não desconhece que, em companhias abertas o procedimento a ser seguido para que ocorra assembleia demanda certo tempo - convocação com 21 dias de antecedência - prazo em que qualquer sinal de alerta já pode estar mais do que evidente, acentuado, exigindo imediato ajuizamento de ação de reestruturação.*
>
> *Destarte, em 21 dias pode ocorrer fato que obrigue o administrador [diretoria] a agir, em tese, sendo desnecessário aguardar o ato assemblear.*[44]

Escreve Marlon Tomazette:

> *Caso seja um empresário individual, trata-se de uma simples decisão da própria pessoa física. Ele, por si só, verificando o*

44 **O acionista minoritário e o pedido de reestruturação judicial. Considerações.** https://jus.com.br/artigos/99872/o-acionista-minoritario-e-o-pedido-de-reestruturacao-judicial-consideracoes. Acesso: 24/07/2023.

> *cumprimento dos requisitos, poderá requerer a recuperação judicial, que terá o seu regular processamento. Não há poderes para os prepostos realizarem tal requerimento, sendo essencial a decisão do próprio empresário, que poderá até ser representado, mas em uma representação convencional, por procuração*[45].

A sociedade simples, por exemplo, se não pode valer dos termos da lei, porquanto não reúne os atributos de sociedade empresária [Código Civil, art. 966].

Os demais legitimados [legitimação de caráter extraordinário] estão no §1º, quais sejam: cônjuge sobrevivente, herdeiro do devedor, inventariante ou sócio remanescente.

No Brasil, infelizmente ainda não há a reestruturação formalizada por credores - *Involuntary Bankruptcy* - conforme dito. Ainda inexiste evolução legislativa para se permitir a reestruturação requerida pelos próprios credores.

Caso um dia a lei brasileira chegue a tal possibilidade, certamente deverão ser observados determinados critérios, inclusive relativos ao montante em aberto, buscando salvar a empresa devedora mergulhada em crise.

Ainda, deverá haver disposição a respeito da responsabilização de credor acerca de indevida ação de recuperação judicial, considerando todos os efeitos inerentes e eventuais prejuízos ao devedor.

Obviamente, os credores têm interesse, de uma forma ou de outra, na preservação da empresa, visando, em última análise, o recebimento de seus créditos.

Talvez seja, de fato, incorreto, deixar a decisão, quanto aos rumos a tomar, nas mãos dos gestores da empresa em crise.

Ora, se nela há múltiplos interesses e direitos, os direitos dos credores e colaboradores da empresa são incorporados, de modo que a lei poderia ser alterada para fins de conferir legitimidade a estes para requerer a recuperação judicial do devedor.

Para tanto, conforme dito, caberia ser exigido valor mínimo, em relação a todos os débitos, para que se concedesse a aludida legitimidade ativa processual aos credores.

45 Op. cit., p. 67.

A partir do ajuizamento da ação abrir-se-ia o contraditório e o amplo direito constitucional de defesa ao devedor. A questão, sem dúvida, é delicada.

No momento oportuno, formado o juízo de valor, o magistrado determinaria ou não a reestruturação judicial do devedor.

Os tempos são outros, e as legislações internacionais se vão amoldando à realidade, à crise vivenciada pelas empresas, de modo que cabe[ria] pensar a respeito da questão apresentada.

O Direito segue os caminhos trilhados pela sociedade e por tal forma, se vai reformulando, adaptando-se às questões que vão surgindo, competindo ao legislador editar leis conforme essas variações.

Para que se possa valer de algum instituto previsto na Lei 11.101/05 o interessado deverá ser empresário ou sociedade empresária, devidamente registrado no Registro Público de Empresas Mercantis da respectiva sede.

O registro na Junta Comercial, consoante exposto, é pressuposto legal inafastável, sendo que, além de observar se presente todas as condições da ação e pressupostos processuais, ao magistrado compete a análise pormenorizada da documentação societária, desde a constituição da pessoa jurídica[46].

A propósito:

> *Cabe àquele que estiver em crise demonstrar efetivamente que, desde o nascimento da empresa, todos os requisitos legais para a sua constituição foram devidamente comprovados (subscrição integralização de capital social, por exemplo), bem como provar à saciedade a crise que atingiu a entidade não foi causado em decorrência de má-gestão (má administração), ou, principalmente, em virtude de gestão fraudulenta dos proprietários, ou ainda, e por fim, que a crise se tenha dado em decorrência de fatores externos à empresa (Carlos Claro. Op. cit.).*

Não se descuide da regra do art. 48 da Lei 11.101/05. Este prazo mínimo do pleno exercício da atividade econômica organizada é mera opção legal.

---

46 CLARO, Carlos R. **Recuperação judicial: sustentabilidade e função social da empresa**. São Paulo: LTR Editora, 2009, p. 208.

O grande questionamento que fica é: a pessoa jurídica é constituída regularmente, devidamente registrada no órgão próprio e está operanda há um ano e dez meses.

É surpreendida por crise econômico-financeira [a cotação da moeda estrangeira foi elevada e sua atividade econômica é a fabricação de produtos nos quais há uma série de componentes importados; a empresa tem dívidas em dólar.

A crise sanitária mundial também serve de exemplo].

Em seus quadros há 200 (duzentos funcionários); existem fornecedores regulares e clientela fiel.

Pela lei, esta pessoa jurídica se não poderia valer da reestruturação judicial ou extrajudicial.

Uma entidade econômica criada há menos de 2 (dois) anos não teria relevância no cenário local, regional ou mesmo nacional para fins de requerer a tutela estatal visando a reestruturação?

Demais, a consolidação da entidade, necessariamente só ocorreria após o prazo de 24 (vinte e quatro meses)?

Muitas pessoas jurídicas regularmente constituídas deixam de operar no mercado antes de completar um ano de existência. Isso é fato.

O texto de 2005 tem suas idiossincrasias, competindo ao juiz, no caso concreto, avaliar se determina ou não o processamento de reestruturação judicial de pessoa jurídica com menos de 2 (dois) anos de existência.

6.2. Sucessores

No que se refere a legitimação extraordinária [ou secundária] prevista no §1º do art. 48, a primeira recai na pessoa do(a) cônjuge.

Em caso de falecimento do devedor, o cônjuge está habilitado a ajuizar a ação recuperatória ou mesmo promover o regime extrajudicial. O mesmo é dito em relação aos herdeiros e inventariante.

Esclarece Marlon Tomazette:

> *Obviamente, essa legitimidade é assegura em relação ao espólio do empresário individual. Neste caso, o próprio empresário não terá como realizar o pedido, admitindo-se que esses outros sujeitos realizem o pedido. Tal hipótese não possui a tendência de ser muito utilizada, na medida em que o cônjuge, os herdeiros e*

> *o inventariante dificilmente correrão o risco da decretação da falência, no caso de não ser acolhido o pedido de recuperação judicial*[47].

É possível, pois, que o empresário individual falecido tenha deixado várias dívidas, sendo possível requerer a tutela estatal, via regime recuperatório.

Em tese, pode o sucessor optar, mesmo correndo o risco de falência, por ingressar com a ação, até e principalmente para não deixar nenhuma pendência financeira.

Outra questão relevante é a prevista no art. 974 do Código Civil, ou seja, quando o empresário individual se torna incapaz para os atos da vida civil.

6.3. Sócio e acionista

No que se refere aos sócios e acionistas da pessoa jurídica, a lei estabelece "sócio remanescente", de modo que há relação com entidade dissolvida.

Marlon Tomazette esclarece que tal hipótese legal tem a ver com sócio remanescente se refere aos casos de sociedade unipessoal temporária.

Assim se posiciona o doutrinador:

> *Outros autores, a nosso ver com razão, sustentam a hipótese de legitimação do sócio remanescente se refere aos casos de unipessoalidade temporária da sociedade. Se a sociedade tinha dois sócios e passou a ter um só, temporariamente, esse sócio poderá realizar o requerimento da recuperação judicial, ainda que sozinho não tivesse votos suficientes para aprovar a deliberação ou para realizar o requerimento. Nesses casos, protege-se a manutenção da empresa, dando a esse sócio remanescente a chance de obter a recuperação judicial par aa sociedade de que faz parte. O sócio remanescente agirá em nome da sociedade, visando à preservação da atividade*[48].

47 Op. cit., pp. 67-68.

48 Op. cit., p. 68.

O posicionamento é bastante plausível. Não se acredita que um sócio minoritário, por exemplo, ajuizasse a ação de recuperação judicial.

7. OS CREDORES

Neste item cabe examinar a situação do universo de credores da pessoa jurídica em crise e que se encontra sob regime recuperatório.

Em primeiro lugar, conforme já afirmando, os credores não detém legitimidade ativa processual para ingressar com ação de recuperação judicial, propor a recuperação da micro e pequena empresa e muito menos requerer a homologação judicial de plano extrajudicial.

A lei pátria, ao contrário da estadunidense, não concede tal direito, o que talvez seja um equívoco, porquanto os credores têm interesse no reerguimento do devedor.

É importante que a lei passe pela a prática e com o tempo ocorra, os ajustes e aprimoramentos necessários. A lei, possível afirmar, ainda pode ser considerada nova, em termos de modernização do microssistema recuperatório no Brasil.

Vários de seus dispositivos mais recentemente vêm sendo objeto de apreciação e decisão pelo Poder Judiciário, sem descuidar da "importação" de outros institutos existentes no direito comparado, em especial nos Estados Unidos, mas ainda não positivados em termos de Brasil[49].

A depender da situação concreta, observados determinados requisitos legais (com valor mínimo de dívida global do devedor), poderia a lei prever a legitimidade dos credores para agir. Mas, tal possiblidade ainda não existe no sistema jurídico nacional.

Por outro lado, em determinada circunstância, podem os credores oferecer plano alternativo de recuperação no processo judicial.

Importante destacar que, muito embora não exista hierarquia entre credores, no âmbito recuperatório judicial, há aqueles que se sujeitam ao regime (art. 49); há os que se sujeitam por determinado lapso

49 CLARO, Carlos R. **Observador judicial no regime recuperatório**. In – DOMINGOS, Carlos E. Q; CLARO, Carlos R; CARVALHO, Luiz Eduardo V.S. (coord). **Direito da insolvência contemporâneo e a Lei 11.101/05**. São Paulo: Quartier Latin, 2023.

temporal (denominado *automatic stay period*), mas depois do prazo podem reivindicar seus direitos em face da entidade recuperanda.

Por fim, há o que não se sujeita aos termos da recuperação judicial (o credor fiscal).

No que se refere às microempresas e empresas de pequeno porte, a ela não estão adstritos os créditos decorrentes de repasse de recursos oficiais, os créditos fiscais e aqueles relacionados nos parágrafos terceiro e quarto do art. 49.

Quanto a recuperação extrajudicial, a ela não estão sujeitos os créditos tributários e os previstos no art. 49, §3º e a importância entregue ao devedor, com base em contrato de câmbio (art. 86, inc. II).

Em relação aos credores trabalhistas e por acidente de trabalho, a lei exige negociação coletiva com o sindicado da respectiva categoria profissional.

7.1. Créditos inexigíveis

O art. 5º estabelece hipóteses de inexigibilidade, tanto na esfera da falência quanto na reestruturação judicial.

As obrigações a título gratuito e as despesas que os credores fizerem para tomar parte em tais processos, com exceção das custas judiciais decorrentes de litígios com o devedor.

A respeito das obrigações a título gratuito, pondera Marlon Tomazette:

> *A inexigibilidade é óbvia. Se o devedor está passando por uma crise, não é razoável obriga-lo a arcar com obrigações que não lhe deem uma contrapartida. Obrigações que simplesmente diminuirão seu patrimônio, sem um retorno, não poderão ser exigidas, sob pena de prejuízo injustificável para toda a massa de credores*[50].

Um exemplo de obrigação gratuita é o contrato de doação sem encargo.

De acordo com Luiz Inácio Vigil Neto,

50 Op. cit., p. 70.

> *Em relação ao inciso I do art. 5º, existe a possiblidade de se exigir dos eventuais coobrigados caso não estejam sob um dos dois regimes jurídicos*[51].

No que se refere às despesas, salvo as custas judiciais [na verdade, despesas processuais, o que diferente de "custas"] decorrentes de litígios com o devedor falido ou sob regime recuperatório.

Em primeiro lugar, quanto a reestruturação, encerrada, tais despesas poderão ser cobradas da entidade econômica.

Quanto a falência, tendo com base a regra do art. 153 da lei, em tese, havendo saldo positivo, será entregue ao devedor, que poderá ser cobrado pelas despesas. Isso é algo bastante raro de ocorrer na prática.

Em segundo, tais despesas normalmente são aquelas devidas quando o credor apresenta impugnação de crédito ou mesmo quando ingressa com o pedido de falência em face do devedor.

Tais despesas, por força de lei, não serão objeto de habilitação de crédito. Não fazem parte do processo.

No que se refere às custas [despesas] decorrentes de litígios com o devedor, cabível a hipótese do art. 84, inc. IV [enquadrado como crédito extraconcursais], no tocante ao processo de falência.

Quanto aos honorários de sucumbência, devido ao procurador da parte vencedora, poderá formular a habilitação de crédito, equiparada a verba honorária a crédito trabalhista.

Fica, portanto, na classe do art. 83, inc. I, da Lei 11.101/05 [limitado a 150 salários mínimos].

Não se olvide da regra do art. 88, parágrafo único da mesma lei, significando dizer que:

(i) Não contestado o pedido de restituição, a massa falida fica isenta de pagamento dos honorários advocatícios, mas arca com as despesas, pela regra do art. 5º, inc. II, parte final;

(ii) (Contestado o pedido e sucumbente a massa falida, arcará com as despesas e honorários advocatícios.

---

51 **Teoria falimentar e regimes recuperatórios: estudos sobre a Lei n. 11.101/05**. Porto Alegre: Livraria do Advogado Editora, 2008, p. 93.

7.2. Créditos Excluídos

Em termos de recuperação judicial, estão sujeitos ao regime todos os créditos verificados na data da distribuição da ação, mesmo que ainda não vencidos.

A regra geral está prevista no art. 49 da lei.

As exceções ficam por conta dos parágrafos deste disposto legal, que serão objeto de análise mais detalhada.

7.3. Créditos fiscais

Uma das grandes e corretas críticas feitas aos termos da Lei 11.101/05 é a de que os créditos fiscais não se encontram adstritos aos termos da falência e da recuperação judicial.

Malgrado a alteração ocorrida em 2020 relativamente ao art. 6º, incorporando o §7º-A, no sentido de que às execuções fiscais se não aplicam os incisos I, II e III do art. 6, pode haver penhora, arresto, sequestro e outras medidas judicias quanto a ativos do devedor.

Entrementes, a competência para determinar a suspensão de atos constritivos que recaiam sobre bens essenciais à atividade econômica do devedor, até o encerramento do processo, é do juízo pelo qual se processa o regime recuperatório.

Haverá de se pôr em prática o instituto da cooperação jurisdicional, (previsto a partir do art. 67 do Código de Processo Civil).

Dificilmente uma pessoa jurídica mergulhada em crise econômico-financeira não tem pendências fiscais.

Parcelamentos de dívidas tributárias invariavelmente existem e nem sempre são honrados pelos agentes econômicos em crise.

A dívida se multiplica e, não raro, o caminho mais adequado é se retirar do mercado, via processo de falência.

Os débitos fiscais, em muitos casos, são elevados e quiçá impagáveis pelos que estão mergulhados em crise econômico-financeira, pois, maiores até do que o próprio valor patrimonial do devedor em regime recuperatório.

Não se olvide, porém, que a Lei 10.522/2002, em seu art. 10-A prevê a hipótese de parcelamento de débito fiscal em até 120 parcelas mensais e sucessivas, com descontos progressivos.

O credor fiscal tem ao seu alcance a Lei 6.830/1980, que, aliás, deixou de ser atualizada em decorrência da Lei 14.112/2020.

Dito de outro modo, o art. 11, §3º da referida Lei 6.830/1980 se não alinha com o enunciado do art. 6º, §7º-A, da Lei 11.101/05, por exemplo.

É muito comum no Brasil ocorrer a alteração de lei sem que outra correlata não sofra modificação quanto ao mesmo tema.

Permanecem no sistema jurídico dois ou mais textos legais que não guardam exata sintonia, dada a ausência de atualização.

De qualquer forma, a competência acerca de ativos apreendidos (sentido amplo da palavra) é do juízo pelo qual tramita a recuperação judicial, de modo que os conflitos de competência, anteriormente existentes, ficam afastados.

Assim decidiu o Superior Tribunal de Justiça:

> *Dessarte, verifica-se que o acórdão recorrido está em sintonia com a jurisprudência do STJ, no sentido de que "malgrado a prerrogativa de cobrança do crédito tributário via execução fiscal, inexiste óbice para que o Fisco (no exercício de juízo de conveniência e oportunidade) venha a requerer a habilitação de seus créditos nos autos do procedimento falimentar, submetendo-se à ordem de pagamento prevista na Lei 11.101/2005, o que implicará renúncia a utilizar-se do rito previsto na Lei 6.830/80, ante o descabimento de garantia dúplice" (REsp 1466200/SP, Rel. Ministro LUIS FELIPE SALOMÃO, QUARTA TURMA, julgado em 04/12/2018, DJe 12/02/2019).*
> *Na hipótese, a habilitação de crédito deve ser julgada extinta sem a resolução de mérito, haja vista que não é cabível a dúplice garantia nem se comprovou a desistência da execução fiscal anteriormente ajuizada*[52].

O crédito fiscal se não sujeita ao regime de recuperação judicial, por força do art. 187 do Código Tributário Nacional (observe-se a regra do art. 6º, §7º, da Lei 11.101/05).

É certo que pode o devedor recuperando parcelar o débito em até 120 parcelas mensais e sucessivas.

52 STJ, 4ª Turma, AgInt. no Recurso Especial nº 1.872.153 – SP, relator Min. Luis Felipe Salomão, julg. 24/08/2022.

Não se pode olvidar do princípio da indisponibilidade do crédito fiscal |(CTN, arts. 141 e 172), de modo que, em sede de reestruturação judicial inexistiria possiblidade de transigir a respeito dos valores devidos.

Por outro lado, para fins de transparência e boa-fé objetiva acerca do que se quer realmente colocar em prática, via plano de reestruturação, é oportuno que o devedor apresente a lista de todos os seus débitos fiscais e a situação de cada um [inclusive discriminação de eventuais parcelamentos, execuções fiscais, andamento processual etc.], quando da distribuição da ação.

A lista deve ser anexada ao documento entregue no prazo legal, sendo que tudo deve ser muito claro, transparente e de atuação seguindo a boa-fé objetiva.

7.4. Análise do art. 49 da Lei 11.101/05

O art. 49 é, sem dúvida, um dos mais complexos e polêmicos, que mais geram acalorados debates, tanto na doutrina quanto nos tribunais.

Tal disposto de lei é objeto de inúmeros debates acadêmicos, principalmente se se colocar em mesa o disposto em seu parágrafo terceiro.

Este enunciado tem caráter peculiar e não raro é um dos motivos que impedem o efetivo soerguimento do devedor mergulhado em crise.

Estabelece o *caput* do art. 49 que estão sujeitos ao regime recuperatórios todos os créditos existentes na data do pedido, mesmo que ainda não vencidos.

Portanto, as dívidas contraídas antes da distribuição da ação de recuperação judicial, mas com vencimento a tal data, estão adstritas aos termos do processo.

Por outro lado, o dispositivo legal contém exceções à regra geral, sendo estabelecidas algumas questões acerca da situação de determinados créditos e como ficam os coobrigados, fiadores e obrigados de regresso.

Consta do §1º do art. 49 que são conservados os direitos dos credores que figuram da recuperação judicial, quanto ao aos garantidores [sentido amplo da palavra] da obrigação.

Dito de outro modo, o regime recuperatório não impede o ajuizamento de ações e execuções visando a cobrança de dívidas onde haja garantia pessoal.

Não obstante os termos da lei e pacífica jurisprudência, inclusive do STJ, o entendimento minoritário é de que:

> *Entretanto, os presentes escritos vão, efetivamente, ao encontro da própria finalidade da Lei 11.101/05 [art. 47, mais precisamente]: a tentativa de superação da crise e consequente salvação da atividade econômica organizada, tal como inserto no art. 47. Não é menos certo que tal tentativa passa inexoravelmente pelos interesses do devedor coobrigado [fiador e avalista]. Com efeito, a aplicação pura e simples [diga-se, literal, gramatical, filológica] do art. 49, §1º, no sentido de que a obrigação cambiária subsiste, é autônoma e pode ser objeto de execução em face ao devedor solidário [avalista-fiador], não se revela a mais consentânea com a realidade, reorganizacional especialmente se se colocar em relevo o fato de que a lei de regência busca, como dito, a [plena] recuperação do devedor empresário mergulhado em crise econômico-financeira.*
>
> *Destarte, carece tal dispositivo ser analisado conjuntamente com os artigos 6º, §4º e 59, caput, sempre visando o fim [teleológico] propugnado pela lei de recuperação judicial: que se incrementem todas as tentativas jurídico-econômicas a fim de que ocorra a [tentativa de] superação da crise e retorno efetivo do empresário ao mercado competitivo. Isso tudo porque o modo de produção no novo século é justamente o capitalista, imperando as leis deste mercado*[53]*.*

A regra do parágrafo segundo, em síntese, vai de encontro ao contido no art. 163 do Dec.-Lei 7.661/45.

Mantém incólumes as obrigações anteriores à distribuição da recuperação judicial, observando-se as condições dos contratos ou previstas em lei, inclusive no tocante aos encargos financeiros, salvo se algo constar do plano recuperatório.

Quanto ao parágrafo terceiro, quiçá um dos textos mais prejudiciais ao devedor e aos credores minoritários, estes sem qualquer garantia, estabelece que determinados bens deixam de ser atingidos pela reestruturação judicial, ou seja, ao processo se não submetem, de forma nenhuma.

---

53 CLARO, Carlos R. **Temas de recuperação judicial**. Curitiba: Editora Íthala, 2012.

Porém, dentro do prazo de suspensão das ações e execuções [art. 6º, incisos, II e III, bem como §4º, §4º-A, inc. II], o credor não poderá retirar bens ou mesmo vende-los, em se tratando dos chamados bens de capital essenciais ao desenvolvimento da atividade econômica.

Do parágrafo quarto consta que não está sujeita à recuperação os valores entregues ao devedor, provenientes de adiantamento a contrato de cambio para exportação (art. 86, inc. II, da lei, que trata da restituição em falência).

A respeito do tema, decidiu o STJ:

> *RECURSO ESPECIAL. DIREITO CIVIL, EMPRESARIAL E PROCESSUAL CIVIL. RECUPERAÇÃO JUDICIAL. EMBARGOS À EXECUÇÃO DE TÍTULO EXTRAJUDICIAL. ADIANTAMENTO DE CONTRATOS DE CÂMBIO (ACC). ENCARGOS. EMPRESA DEVEDORA EM RECUPERAÇÃO JUDICIAL. SUJEIÇÃO DOS CRÉDITOS AO PROCESSO DE SOERGUIMENTO. PRECEDENTES. INADEQUAÇÃO DA VIA ELEITA. EXTINÇÃO DA EXECUÇÃO.*
> *1. Cuida-se de embargos à execução ajuizados em execução de título extrajudicial em razão de inadimplemento dos adiantamentos de contrato de câmbio - ACC nos quais se discute, no que interessa ao presente recurso, a inadequação da via eleita, por entender a recorrente que, ainda que os créditos estivessem excluídos dos efeitos da recuperação judicial pelo art. 49, §4º, da Lei 11.101/2005, a busca dos créditos deveria se dar por meio de pedido de restituição, nos termos do art. 86, II, da Lei 11.101/2005.*
> *2. A Segunda Seção desta Corte, firmou entendimento no sentido de que, nos termos do que dispõe o art. 49, §2º, da Lei 11.101/2005, não se sujeita aos efeitos da recuperação judicial a importância entregue ao devedor, em moeda corrente nacional, decorrente de adiantamento de contrato de câmbio para exportação, cabendo ao credor obter a sua devolução por meio de pedido de restituição, na forma do art. 86, II, da referida lei.*
> *3. Nos termos do julgamento do RESP 1.810.447/SP, a Terceira Turma desta Corte firmou entendimento no sentido de que, "embora os arts. 49, § 4º, e 86, II, da Lei 11.101/05 estabeleçam a extraconcursalidade dos créditos referentes a adiantamento de contratos de câmbio, há de se notar que tais normas não dispõem, especificamente, quanto à destinação que deva ser conferida aos encargos incidentes sobre o montante adian-*

> *tado ao exportador pela instituição financeira" (Rel. Ministra Nancy Andrighi, Terceira Turma, julgado em 05.11.2019, DJe 22.11.2019).*
> *4. Acórdão recorrido em dissonância com a jurisprudência desta Corte, segundo a qual o crédito referente ao efetivo adiantamento do contrato de câmbio deve ser objeto de pedido de restituição nos autos da recuperação judicial e os respectivos encargos reclamam habilitação no Quadro Geral de Credores, por estarem sujeitos ao regime especial, mostrando-se inadequada a execução direta.*
> *5. RECURSO ESPECIAL PROVIDO*[54].

Em relação ao parágrafo quinto, durante o processamento da recuperação judicial poderá haver substituição ou mesmo renovação de garantias liquidadas ou mesmo vencidas, em se tratando de crédito garantido por penhor sobre títulos de crédito, direito creditório, aplicações financeiras ou valores mobiliários.

Caso haja recebimento em pagamento das garantias, deverá ser retido em conta vinculada, durante o lapso temporal denominado de *automatic stay period.*

A regra prevista no §6º foi introduzida pela reforma de 2020.

Na hipótese relativa ao comprovante de lapso temporal, pelo produtor rural pessoa jurídica, somente estarão sujeitos ao regime recuperatório os créditos que decorram exclusivamente da atividade econômica rural.

Ainda, devem ser discriminados nos documentos citados nos parágrafos segundo e terceiro do art. 48, mesmo que não vencidos.

Quanto ao parágrafo sétimo, também advindo em decorrência da Lei 14.112/2020, estabelece que não sujeitar-se-ão aos efeitos recuperatórios os recurso controlados e abrangidos pelas regras dos arts. 14 e 21 da Lei 4.829/1965 (institucionaliza o crédito rural).

O parágrafo oitavo também é apresentado pela lei de 2020, sendo que dele consta que os recursos previstos na Lei 4.829/1965 estarão sujeitos à recuperação, mas que ainda não tenham sido renegociados

54 STJ, 3ª Turma, Recurso Especial n. 1723978 - PR, relator Min. Paulo de Tarso Sanseverino, julg. 22/03/2022.

pela entidade recuperanda e instituição financeira antes da distribuição da ação.

Por fim, se não traduz em crédito, qual previsto no caput do art. 49 o que foi constituído no s 3 (três) últimos anos antes da distribuição da recuperação judicial, que tenha sido constituído para fins de aquisição de propriedade rural, assim como as respectivas garantias apresentadas.

8. O DEVEDOR EM JUÍZO. PETIÇÃO INICIAL

Caso o devedor em crise opte pela reestruturação judicial plena e não outros meios recuperatórios [extrajudiciais] ou mesmo a composição direta com os credores [a lei permite esta prática, ao contrário do regramento anterior], deverá observar, para fins de ajuizamento da ação, vários requisitos legais, inclusive previstos no Código de Processo Civil.

É de extrema importância o comportamento ético, transparente e a boa-fé objetiva, por parte do devedor em crise e de todos aqueles que praticam atos no processo de reestruturação [inclusive credores].

Há de se observar a regra do art. 5º, do Código de Processo Civil.

A prestação jurisdicional só ocorrerá mediante provocação da parte, porquanto, via de regra, não há atuação de ofício (princípio *ne procedat judex ex officio*[55]), sendo que o impulso oficial da ação será dado pelo magistrado condutor do processo (CPC, art. 2º).

Escreve Humberto Theodoro Júnior:

> *A parte, diante do Estado-juiz, dispõe de um 'poder jurídico', que consiste na faculdade de obter a tutela para os próprios direitos ou interesses, quando lesados ou ameaçados, ou para obter a definição das situações jurídicas controvertidas. É o direito de ação, de natureza pública, por referir-se a uma atividade pública oficial, do Estado*[56].

Em resumo, o direito constitucional do exercício da ação depende única e exclusivamente de provocação do interessado - o devedor em

55 "Não procede o juiz de ofício".

56 **Curso de direito processual civil. Volume I.** 58ª edição. Rio de Janeiro: Forense, 2017, p. 150. Destaque no original.

crise -, mediante ajuizamento de ação judicial[57], por intermédio de profissional regularmente habilitado.

Esta ação, sem dúvida, é um divisor de águas em relação a devedor e credores. Lembre-se do disposto no art. 52, §4º, da Lei 11.101/05.

Ao ingressar com a ação em juízo, o devedor deverá ter ciência de todos os efeitos que advém de tal ato, somente podendo manifestar desistência se e somente se os credores, reunidos em assembleia, concordarem.

Por outro lado, até que o magistrado profira o primeiro despacho nos autos do processo, evidentemente, o devedor poderá manifestar desistência.

Em tempos pós-modernos, de acentuada visibilidade, certamente os credores tomarão ciência de que o devedor ingressou com a ação de recuperação judicial.

A petição inicial[58] - instrumento hábil para externar a pretensão da parte autora - deverá estar de acordo com o art. 319 do CPC (além do art. 17, sem descuidar dos pressupostos processuais e das condições da ação[59]).

Assenta Humberto Theodoro Júnior que:

> *A petição inicial é o veículo de manifestação formal da demanda, que revela ao juiz a lide e contém o pedido de providencia jurisdicional, frente ao réu, que o autor julga necessário para compor o litígio*[60].

---

57 Conforme Marlon Tomazette, *trata-se de uma ação predominantemente constitutiva, na medida em que ela visará a ajustar a situação jurídica do devedor em crise, isto é, caso o pedido seja acolhido, ela irá modificar as relações jurídicas do devedor.* **Curso de direito empresarial, Volume 3: falência e recuperação de empresas**. 4ª edição. São Paulo: Atlas, 2016, p. 59. Acentua Frederico A. M. Simionato: *a recuperação judicial é uma verdadeira ação. Sendo assim, a petição inicial deve observar todos os requisitos legais previstos no Código de Processo Civil, acrescido dos requisitos específicos da ação de recuperação judicial, descritos no art. 51 da nova Lei.* **Tratado de direito falimentar**. Rio de Janeiro: Editora Forense, 2008, p. 153.

58 De acordo com José Frederico Marques, *petição inicial é o ato processual com que se dá começo à ação e em que se formaliza o pedido de prestação jurisdicional formulado pelo autor.* **Manual de direito processual civil. 2º Volume. Processo de conhecimento. 1ª parte.** 7ª edição. São Paulo; Saraiva, 184, p. 39.

59 Observem-se as regras dos artigos 320 e 322 do Código de Processo Civil.

60 **Código de Processo Civil anotado**. 21ª edição, 2ª tiragem. Rio de Janeiro: Forense, 2018, p. 408.

A petição deve(ria) ser clara, concisa e objetiva, demonstrando a situação vivenciada pelo devedor, mediante linguagem correta.

Mediante abordagem metodológica e técnica, o devedor deve expor, de forma transparente e de boa-fé objetiva, sua real situação em juízo.

Quem transforma a linguagem verbal em linguagem escrita é o advogado, encarregado de redigir a petição inicial.

É ela, a petição inicial, que descreverá de forma circunstanciada as causas da crise, qual é o tipo de crise e sua extensão, a situação concreta do devedor, quanto as questões patrimoniais e econômicas.

Portanto, o primeiro ato judicial do devedor – a sua petição inicial – poderá, apenas em tese, auxiliar na pavimentação do caminho até que obtenha a concessão da recuperação judicial (art. 58).

Tudo o que for escrito no primeiro ato judicial do devedor será avaliado no curso da ação e principalmente pelos credores reunidos em assembleia.

Considerando que figura no polo ativo da ação o próprio devedor em crise econômico-financeira - no Brasil [ainda] não é permitido aos credores ajuizar ação visando a reestruturação da entidade em crise - além de apresentar sua completa qualificação, se não faz necessário apresentar os dados de todos os credores na petição.

Isso porque uma das exigências do art. 51, inc. III da Lei 11.101/05 é que se apresente a relação nominal de quem detém crédito perante o devedor, com indicação de endereço etc., de modo que, a nosso sentir, descabe a qualificação destes na petição inicial.

Além dos requisitos legais e formais exigidos pelo Código de Processo Civil[61], caberá ao devedor observar a regra do art. 51 da Lei 11.101/05, sendo importante juntar toda a documentação exigida [inclusive instrumento de mandato, documentos de representação processual, recolhimento das custas etc.].

Há detalhes a comentar, nesse passo.

Estabelece o art. 48 quais são os requisitos cumulativos que devem ser observados pelo devedor, mas inexiste exigência, por exemplo, de

61 Art. 192, CPC. O texto deve ser redigido em Língua Portuguesa [Constituição Federal, art. 13]. Quanto a assinatura do profissional, art. 209, CPC, sendo que poderá ser digital. No que se refere ao discurso jurídico, a linguagem há de ser perfeitamente compreendida em toda a sua extensão.

que comprove a ausência de falência ou que há menos de 5 (cinco) anos obteve a concessão de recuperação judicial.

Essas exigências não constam do art. 51.

Caberá aos credores, caso haja algum impedimento para que o devedor esteja em juízo, imediatamente formular pedido próprio, a fim de que haja a extinção do feito.

A ação de recuperação judicial deverá ser distribuída perante o Juízo competente (Lei 11.101/05, art. 3º), ou seja, o local do principal estabelecimento [onde há a gerencia empresarial] do devedor ou da filial de pessoa jurídica que tenha sede fora do país.

Conforme art. 6º, §8º, da Lei 11.101/05, a distribuição da ação de falência ou de recuperação judicial, bem como pedido de homologação de recuperação extrajudicial previnem a jurisdição sobre qualquer outra ação ou pedido, relativo ao mesmo devedor.

O tema será melhor examinado no item próprio.

Para fins de fixação de competência - o laudo pericial previsto no art. 51-A, §7º, da lei pode dar melhores subsídios para a definição do juízo competente - é entendimento do Superior Tribunal de Justiça que:

> *O foro competente para recuperação e decretação de falência é o do juízo do local do principal estabelecimento do devedor (art. 3º da Lei n. 11.101/2005), assim considerado o local mais importante da atividade empresária, o do maior volume de negócios*[62].

8.1. Competência

Não se ajuíza ação ou execução em qualquer lugar. Há regras processuais a serem seguidas.

Consoante Humberto Theodoro Júnior,

> *A 'competência é justamente o critério de distribuir entre os vários órgãos judiciários as atribuições relativas ao desempenho da jurisdição*[63].

---

62 STJ, 2ª Seção, Conflito de Competência n. 116743/MG, rel. Min. Raul Araújo, relator para o acórdão Min. Luis Felipe Salomão, julg. 10/10/2012.

63 **Curso de direito processual civil. Volume. I**. 58ª edição. Rio de Janeiro: Forense, 2017, p. 191.

A lei estabelece critérios a respeito da Comarca perante a qual deve ser distribuída a ação de recuperação ou proposto, para fins de homologação judicial, o plano de soerguimento de caráter extrajudicial.

Para que se ingresse com a ação de recuperação judicial, ação de falência ou mesmo pedido de homologação de recuperação extrajudicial, prevê a lei que a competência será a do local em que se situar a sede do devedor ou filial de empresa com sede fora do país.

O tema foi objeto de análise do item 8 desta obra, mas cabem mais algumas considerações a respeito, no que diz com o aspecto processual.

Nessa esteira, visando a instauração do juízo recuperacional ou mesmo falimentar, a parte deve observar determinados requisitos de ordem formal e material, que se traduzem justamente nos pressupostos processuais[64].

Em outras palavras, os pressupostos são exigências impostos pela lei processual civil para que haja formação [constituição] e desenvolvimento da relação jurídico-processual válida, sem nulidades.

No caso da competência do juiz para apreciar e julgar a falência e a recuperação judicial, bem como homologar plano extrajudicial pelo devedor apresentado, se trata de pressuposto de desenvolvimento, de caráter subjetivo [relacionado aos sujeitos do processo, ou seja, juiz e partes]

Tal como toda e qualquer ação, a fixação da competência do juiz é de extrema importância no âmbito da Lei 11.101/05.

No caso do regime recuperatório especificamente, o laudo técnico, em sede de diagnóstico preliminar, eventualmente pode fornecer o juiz mais subsídios quanto ao local exato onde há o poder de comando do devedor [art. 51-A, §7º].

Nem sempre tal questão é especificada de forma clara na documentação acostada.

É deveras importante apresentar a documentação de forma cronológica, a fim de que o magistrado possa perfeitamente compreender a evolução da empresa desde seu ato constitutivo. Isso facilita a análise da petição inicial e documentação anexada.

Mas, de todo modo - haja ou não perícia prévia -, cabe atenção redobrada ao receber a petição inicial, a fim de verificar se de fato presentes todas as condições da ação e pressupostos processuais de constituição

64 Destaque-se também que são necessárias as condições da ação.

válida e de desenvolvimento válido do processo (de caráter subjetivo e objetivo).

O despacho inicial de juiz incompetente pode gerar nulidade e prejuízos.

Aliás, o despacho inicial positivo se traduz em verdadeiro divisor de águas, gerando efeitos jurídicos e econômicos a todos os envolvidos na ação recuperatório.

Por isso, a atenção quando da análise da petição inicial e documentação acostada.

Esclarece Humberto Theodoro Júnior:

> *A competência, dessa forma, é pressuposto da regularidade do processo e da admissibilidade da tutela jurisdicional. O primeiro dever do juiz, quando recebe a inicial de uma ação, é verificar se é ou não competente para tomar conhecimento da causa*[65].

Em outra obra, escreve o mesmo autor:

> *Como função estatal, a jurisdição é naturalmente 'uma'. Mas seu exercício, na prática, exige o concurso de vários órgãos do Poder Público. A 'competência' é justamente o critério de distribuir entre os vários órgãos judiciários as atribuições relativas ao desempenho da jurisdição*[66].

O art. 3º da Lei 11.101/05 manteve, quase que literalmente, a regra estabelecida pelo art. 7º do Dec.-Lei 7.661/45.

Ao tempo de vigência do Dec.-Lei 7.661/45, decidiu o STJ que:

> *estabelecimento não é aquele a que os estatutos da sociedade conferem o título de principal, mas o que de forma concretamente o corpo vivo, o centro vital das principais atividades*

65 **Código de Processo Civil anotado**. 21ª edição, 2ª tiragem. Rio de Janeiro: Forense, 2018, p.40.

66 **Curso de Direito Processual Civil. Volume I**. 58ª edição, 2017, p. 191. Destaques no original.

comerciais do devedor, a sede ou núcleo dos negócios, em sua palpitante vivência material[67]

8.2. Decisões judiciais

A partir do momento em que ocorre a distribuição da ação ao juízo competente, importantes decisões judiciais poderão ser proferidas, no âmbito da reestruturação judicial, quais sejam:

(i) O juiz imediatamente determina o processamento da recuperação judicial (art. 52, da lei 11.101/05), de modo que a partir de tal momento o devedor efetivamente se encontra sob regime recuperatório;

(ii) Por falta de requisitos legais, a petição inicial é liminarmente indeferida (CPC, art. 330);

(iii) Poderá ser determinada a emenda à petição inicial (CPC, art. 321) e depois, a depender da situação concreta, ser deferido o processamento da recuperação (art. 52, da Lei 11.101/05), ou que seja levada a efeito o diagnóstico preliminar. Ainda, poderá ser indeferida a petição inicial, mesmo que o autor tenha cumprido a determinação do art. 321 do Código de Processo Civil;

(iv) É determinada a realização de perícia prévia (art. 51-A, da Lei 11.101/05) e o resultado dela poderá levar ao indeferimento da petição inicial, a remessa do processo ao juízo competente ou o juiz determinar que se processe a recuperação judicial (art. 52, da Lei 11.101/05);

(v) Durante o processo, poderá ser concedida a recuperação judicial (art. 58, da Lei 11.101/05) ou decretada a falência do devedor, se presente quaisquer das hipóteses previstas no art. 73 do mesmo texto legal);

(vi) Concedida a recuperação judicial, o juiz *poderá determinar a manutenção do devedor em recuperação judicial até que sejam cumpridas todas as obrigações previstas no plano que vencerem até, no máximo, 2 (dois) anos depois da concessão da recuperação judicial, independentemente do eventual período de carência* (art. 61, da Lei 11.101/05) e, após, decretar por sentença o encerramento do processo (art. 63, da lei referenciada).

67 RTJ 81/705.

Fora estas decisões que direcionam os rumos da recuperação judicial, outras são proferidas. Entretanto, via de regra, são voltadas ao impulsionamento do feito recuperatório.

Há de se observar, sempre, por que é muito importante, o consequencialismo da decisão judicial (Decreto-Lei 4.657/1942, art. 20), ou seja, as consequências, os efeitos, os impactos práticos da decisão diante da realidade.

Coloca-se em degrau superior a estabilidade do processo e a segurança jurídica quanto aos atos validamente praticados.

A proporcionalidade e a razoabilidade estão expressamente previstas no art. 8º do Código de Processo Civil.

Robert Alexy, a respeito, esclarece:

> *A máxima da proporcionalidade é com frequência denominada 'princípio da proporcionalidade'. Nesse caso, no entanto, não se trata de princípio no sentido empregado. A adequação, a necessidade e a proporcionalidade em sentido estrito não são sopesadas contra algo. Não se pode dizer que elas às vezes tenha precedência, e às vezes não. O que se inda é, na verdade, se as máximas parciais foram satisfeitas ou não, e sua não-satisfação tem como consequência uma ilegalidade. As três máximas parciais devem ser, portanto, consideradas como regras*[68].

Ensina Eros Roberto Grau que proporcionalidade e razoabilidade e a razoabilidade são novo nome para a equidade (CPC antigo: art. 127 e art. 1109; CPC atual: art. 140, parágrafo único, e art. 723, parágrafo único; Lei de Introdução ao Código Civil de 1916, art. 5º), ou seja, algo de há muito conhecido.

Esclarece o pensador:

> *Tanto uma quanto outra- proporcionalidade e razoabilidade – não consubstanciam princípios (=regras). São pautas normativa de aplicação do direito*[69].

---

68 **Teoria dos direitos fundamentais**. São Paulo: Malheiros, 2008, p. 117.

69 **Por que tenho medo de juízes: a interpretação/aplicação do direito e os princípios**.7ª edição. São Paulo: Malheiros, 2016, p. 135.

No que se refere aos recursos contra as decisões proferidas em sede de recuperação judicial, o Superior Tribunal de Justiça entendeu que cabe agravo de instrumento contra todas as decisões interlocutórias proferidas, observando-se a regra do art. 1.015, do Código de Processo Civil[70].

8.3. Constatação prévia

A constatação prévia é instituto incorporado à Lei 11.101/05 por meio da reforma ocorrida em 2020 [Lei 14.112/2020], conforme artigo 51-A.

O instituto é novo na lei, mas não na doutrina de ponta, que sobre ele se debruça há muito tempo.

O jurista Nelson Abrão, por exemplo escreveu sobre o diagnóstico preliminar em 1985 em obra de fôlego.

Mais de três décadas se passaram, desde sua obra, até que houvesse evolução legislativa e incorporação da perícia prévia na Lei 11.101/05 (via Lei 14.112, de 2020). A inclusão, sem dúvida, foi importante e deve ser aplaudida.

Até então, ao analisar a petição inicial, nem sempre o magistrado tinha em mãos todos os elementos de convicção para determinar (ou) não continuidade regular do processo, ou seja, determinar ou não o processamento da reestruturação, a teor do art. 52 da lei de regência.

Não foram poucas as reestruturações judiciais desastrosas no país – especialmente logo após a vigência da Lei 11.101/05 -, que criaram mais prejuízos aos credores e à sociedade com um todo, porquanto, à vista de crise patrimonial irreversível, decretou-se a falência.

Algumas entidades econômicas estavam mergulhadas em crise, não econômico-financeira, mas patrimonial. Mesmo assim optaram por requerer a tutela estatal e o fim foi desastroso: aumento do passivo e falência.

Na medida em que o tempo passou e o STJ foi firmando entendimento a respeito de dispositivos legais polêmicos, as entidades em crise passaram a pensar duas vezes se, de fato, seria o caso de pedir a tutela estatal, considerando principalmente os riscos de falência[71].

70 REsp. n. 1.717.213-MT, relatora Ministra Nancy Andrighi.

71 Após a prolação da decisão prevista no art. 52 o devedor não poderá requerer a desistência da ação, salvo se houve aprovação de tal pleito pela assembleia de credores (art. 52, §4º da lei).

A perícia prévia, de fato, se traduz em algo importante ao processo, pois, em tese, fornece mais detalhes claros e objetivos sobre a real situação daquele que busca o soerguimento.

O diagnostico preliminar evita aventuras jurídicas e expedientes para postergar o pagamento da dívida e até da própria retirada do mercado, via falência.

Com efeito, o devedor em crise sabe [ou deveria] que o magistrado pode determinar a elaboração de laudo prévia e chegar a conclusão desfavorável à empresa. Por isso reflete muito bem se de fato é caso de requerer o regime da reestruturação, ingressando na arena recuperatória.

O diagnóstico preliminar em recuperação judicial não é tema novo para a doutrina de ponta.

O jurista Nelson Abrão, embasado nos seus estudos em direito comparado, analisou o instituto no longínquo ano de 1985, em obra de relevo, que deu arrimo ao texto da Lei 11.101/05, conforme já assentado.

Portanto, o doutrinador estudou e escreveu acerca do diagnóstico preliminar décadas antes da entrada em vigor da lei de 2005[72].

Esclarece Nelson Abrão:

> *O diagnóstico econômico-financeiro liminar nos procedimentos concursais, elaborado por perito de confiança do Juízo, servirá de roteiro seguro quanto às deliberações a serem tomadas pelo magistrado: conservação, ou não, dos dirigentes à testa da empresa; solução procedimental (reorganização ou liquidação); elaboração do plano de reerguimento e de pagamento; sanções civis e penais aos dirigentes omissos ou fraudulentos e sua eventual extensão a terceiros co-responsáveis. O diagnóstico econômico-financeiro funciona como garantia de supedâneo real e sério, repondo o processo em seu verdadeiro lugar de realização da justiça, do qual se apartou, no correr dos tempos, graças à prevalência de uma concepção juridicista, e formalística, de*

---

72 **O novo direito falimentar: nova disciplina jurídica da crise econômica da empresa**. São Paulo: Editora Revista dos Tribunais, 1985. A propósito: CLARO, Carlos R, **Recuperação Judicial: sustentabilidade e função social da empresa**. São Paulo: LTr Editora, 2009; **Apontamentos sobre o diagnóstico preliminar em recuperação judicial. Abordagem zetética**. In – ABRÃO, Carlos H.; CANTO, Jorge L. L. do; LUCON, Paulo H. dos S. (coord.). **Moderno direito concursal – Análise plural das Leis n. 11.101/05 e n. 14.112/20**. São Paulo: Quartier Latin, 2021.

> *mero cumprimento de atos e termos, abstraída da realidade econômica*[73].

Disserta acerca da importância de tal diagnóstico prévio:

> *Explicitando que a finalidade precípua dos procedimentos concursais consiste em enfrentar a crise econômica da empresa, numa tentativa de recuperação, delineia-se como fundamental o exato conhecimento de sua situação econômico-financeira para que se possa determinar, de modo racional, a atitude a tomar em relação ao patrimônio e aos dirigentes. Justamente por não prever essa medida, por abstrair do aspecto econômico, é que nossos procedimentos concursais desaguam nesse grande vazio, redundando em fracasso que lhes compromete a própria razão de ser. Assolada a empresa pela crise econômica, buscando a organização judiciária para debelá-la, salta a evidência a importância de um diagnóstico , que revelará as causas, o estado atual e a atitude a tomar em relação ao patrimônio e às pessoas responsáveis*[74].

Também escrevi a respeito do tema em 2009 - Dissertação de Mestrado e Direito transformada em livro -, bem antes da vigência da Lei 14.112/2020:

> *A análise firme de todo o conjunto probatório, inclusive de novos documentos que venham a ser juntados no processo, por deliberação judicial, poderá dar ensejo à recuperação do devedor em crise, não bastando, definitivamente, que se cumpra rigorosamente o contido no art. 51 da Lei falencial, sob pena, daí sim, de serem criadas verdadeiras indústrias de recuperação judicial no Brasil, repetindo-se a situação deletéria que vinha ocorrendo com a concordata preventiva*[75].

73 Op. cit., p. 227.

74 Op. cit., p. 226.

75 CLARO, Carlos Roberto. **Recuperação Judicial: sustentabilidade e função social da empresa**. São Paulo: LTr Editora, 2009, p. 2009.

Escreve mais o autor:

> *O tema é deveras instigante e entende-se que, arrimada a Lei n. 11.101/05 nas disposições do Código de Processo Civil, por força do art. 189 daquela, perfeitamente possível ao juiz condutor do feito determinar sejam cumpridas todas as medidas necessárias à perfeita compreensão da matéria, inclusive que se emende a petição inicial, podendo até mesmo ocorrer o seu indeferimento de plano, seguindo todo o regramento contido no Código de Processo Civil*[76].

Prosseguindo, em síntese, cabe ao magistrado, quando da análise da petição inicial da ação de recuperação judicial e acervo probatório anexado, se entender necessário, nomear perito, a fim de que elabore laudo, no prazo de 5 (cinco) dias.

Cabe ao perito, em seu laudo técnico, atestar acerca das reais condições de funcionamento da atividade econômica do devedor, bem como se correta a documentação por ele acostada.

A perícia transcorre sem intimação do autor do regime recuperatório e também inexiste a possiblidade de indicação de assistente técnico e formulação de quesitos.

Essa vedação poderá eventualmente ocorrer caso o juiz entende que há risco de frustração dos objetivos colimados com a perícia.

O autor da ação recuperatória só terá ciência ao ser intimado dos termos da perícia.

À vista do laudo pericial, o juiz condutor do processo terá alguns caminhos que poderá seguir:

(i) Observados os elementos coligidos no laudo e considerando a documentação apresentada pelo devedor, determinar o processamento da reestruturação judicial (art. 52);

(ii) Indeferir a petição inicial (não cabe abrir de ofício a falência do devedor, na medida em a regra do art. 73 dispõe em quais hipóteses poderá haver a convolação, durante o regime recuperatório), se não olvidando da regra do art. 51, §6º da lei;

76 Op. cit., p. 210.

(iii) Determinar que haja emenda da petição inicial e, depois, reexaminar todo o conteúdo, podendo observar (ou não) a regra do art. 52;

(v) Em sendo detectado que o principal estabelecimento do devedor é em outro local, remeterá os autos ao Juízo competente.

A decisão que indeferir a petição inicial, ou seja, não acolher a tramitação do regime recuperatório, poderá ser objeto de agravo de instrumento, com eventual efeito suspensivo ativo, pelo tribunal.

É importante ressaltar alguns aspectos sobre o diagnóstico preliminar: não é em todo e qualquer regime recuperatório judicial que ocorrerá a perícia; o juiz pode, apenas pode determinar que o perito nomeado elabore laudo pericial a fim de averiguar apenas e tão somente duas questões:

(i) Condições de funcionamento da atividade econômica do devedor e

(ii) Esclarecer se a documentação por ele acostada está correta.

Não se ingressa na questão da viabilidade empresarial. Isso é matéria para a assembleia geral de credores decidir em momento oportuno.

A determinação judicial de perícia há de considerar as especificidades do caso concreto, não descuidando que dificilmente o perito poderá apresentar laudo no exíguo prazo estabelecido em lei (apenas 5 dias).

Isso porque a reestruturação poderá envolver agente econômico de médio ou grande porte, com milhares de clientes, fornecedores, credores e empregados.

Demais, não raro, muitas pessoas jurídicas têm filiais espalhadas pelo país, o que dificultaria ainda mais o cumprimento do prazo legal, portanto, na prática, certamente o perito pode (e quiçá deva) pedir dilação do prazo para a entrega do aludido laudo pericial.

A Lei 11.101/05 certamente será revista - considerando também os efeitos da crise sanitária mundial e o fechamento de várias empresas -, no que se refere ao dispositivo que trata do diagnóstico preliminar, porquanto não levou em conta a disparidade que existe entre micro, pequena, média e grande corporação.

Ainda, estabelece a lei que a remuneração do profissional será arbitrada após a entrega do laudo pelo perito, o que altera a regra geral, no sentido de que, nomeado *expert*, fará proposta de remuneração [CPC, art. 465, §3º].

Quanto as despesas do perito, a lei, uma vez mais, é silente. Os custos hão de ser arcados pelo devedor que requerer a recuperação judicial [por interpretação do art. 82 do CP].

Diante do silencio da lei, alguns hipóteses surgem: se houver determinação de perícia sem comunicação ao devedor

Obviamente não poderá ser ele intimado a fim de que antecipe os custos periciais, pois terá ciência da determinação judicial.

Quanto ao §3º do art. 51-A, a questão é interessante e quiçá surreal, pois, pode o juiz determinar a realização da perícia sem prévia ciência do devedor que ingressou com a ação.

Talvez fique difícil o acesso à documentação escritural do autor da recuperação, pois, o perito, necessariamente se deverá dirigir à sede da pessoa jurídica, inclusive e principalmente para avaliar as condições de funcionamento.

Então, necessariamente o devedor tomará conhecimento do que se passa, isto é, de que houve determinação de perícia.

Pensar ao contrário é aceitar a tese de que o perito teria acesso à contabilidade do devedor, a fim de comparar a documentação anexada à petição inicial com os dados constantes dos livros fiscais e contábeis, sem que precisasse comparecer à empresa.

O texto de lei, salvo engano, não faz qualquer sentido lógico.

Ainda,

> *Afastado eventual indeferimento da petição inicial ou determinação de emenda, compete ao juiz observar se todos os requisitos elencados na Lei 11.101/05 foram cumpridos pelo devedor em crise quando da propositura do pedido. Além de verificar se presentes as condições da ação e pressupostos processuais, cumpre-lhe conferir se a documentação empresarial se encontra materializada. Inexiste plena cognição quando do exame da petição inicial e documentos*[77].

77 CLARO, Carlos R. **Apontamentos sobre o diagnóstico preliminar em recuperação judicial. Abordagem zetética**. In – ABRÃO, Carlos H.; CANTO, Jorge L. L. do;

O magistrado, ao receber a petição inicial, via de regra, não leva a efeito um exame exauriente acerca da crise econômico-financeira do devedor (por ele textualmente confessada) e muito menos perquire se tem ele condições de permanecer operando no mercado.

Antes da alteração do texto de 2005 (via Lei 14.112/2020), escrevi sobre o relevante tema:

> *Talvez, efetivamente, falte levar a efeito, já quando da análise da petição inicial, um verdadeiro "diagnóstico da crise", e nesse passo, caberá ao magistrado se servir de profissionais com adequada e profunda formação técnica. A lei, por meramente formal, nada prevê a respeito de tal diagnóstico, cumprindo ao devedor em crise simplesmente apresentar seu discurso jurídico a respeito da crise e cumprir as formalidades previstas em um ou outro artigo, juntando a documentação necessária. Ora, se se quer, de fato, pensar em reestruturação e saneamento do devedor mergulhado em crise econômico-financeira, esta tentativa de salvação deveria já se iniciar quando do exame da inicial, e não depois, quando já tarde, e a falência é o melhor caminho indicado. Entrementes, por não ser demais, nenhum exagero, pois, nada impede que o juiz condutor do processo determine de imediato a averiguação dos aspectos contidos em demonstrações contábeis do devedor, Talvez essa fosse a salutar saída para evitar manter no mercado quem dele não mais pode participar*[78].

Essas questões são examinadas posteriormente, pela assembleia de credores, quando da análise do plano de soerguimento [art. 35, incisos I, letras "a" e "f"].

Há complexos e detalhados documentos contábeis e financeiros que nem sempre são examináveis de forma mais aprofundada - com um passar de olhos por pessoa que não atue na área -, dada a ausência de aptidão específica para perquirir acerca dos detalhes.

LUCON, Paulo H. dos S. (coord.). **Moderno direito concursal – Análise plural das Leis n. 11.101/05 e n. 14.112/20**. São Paulo: Quartier Latin, 2021, p. 61.

---

78 CLARO, Carlos R. **Temas de recuperação judicial**. Curitiba: Editora Íthala, 2012, p. 43.

Nem sempre são percebidas eventuais incongruências de balanço ou outros documentos fiscais ou contábeis, por exemplo.

Dito de outro modo, neste momento inicial descabe perquirir acerca da viabilidade empresarial, mas tão somente se a documentação está em e conformidade com a lei e se a petição reúne todos os elementos necessários.

Por outro lado, o laudo pericial servirá de importante subsídio ao magistrado.

Importante, imprescindível ter certeza se a real sede do devedor é perante o Juízo ao qual foi distribuída a ação e, por fim, perquire-se se existem indícios contundentes de fraude no uso do instituto recuperatório.

Em situação concreta, caberá ao juiz indeferir a inicial e cientificar o representante do Ministério Público (CPP, art. 40), a fim de que tome as medidas cabíveis, se for o caso.

8.4. Afastamento dos titulares

A Lei 11.101/05 contempla regra sobre eventual afastamento do devedor e administradores da sociedade empresária em regime recuperatório judicial[79].

Dispunha o art. 167 do ab-rogado Dec.-Lei 7.661/45:

> *Durante o processo da concordata preventiva, o devedor conservará a administração dos seus bens e continuará, com o seu negócio, sob fiscalização do comissário. Não poderá, entretanto, alienar imóveis ou constituir garantias reais, salvo evidente utilidade reconhecida pelo juiz, depois de ouvido o comissário.*

Portanto, o art. 64 da Lei 11.101/05 não encontra comparativo com o texto normativo de 1945.

O tema é deveras tormentoso, complexo, até porque o instituto é novo, em termos de lei de insolvência.

79 Sobre o tema específico: ABRÃO, Carlos H.; MARTINS, Lucilaine Braga L. C; CLARO, Carlos R. **Destituição e remoção dos administradores de empresas em recuperação judicial**. São Paulo: Quartier Latin, 2023.

A regra do art. 167 do vetusto texto legal de 1945 tinha outro conteúdo, se não referindo às hipóteses de afastamento do devedor e gestores.

No regime anterior inexistia dispositivo que tratasse da destituição dos gestores empresariais, de modo que houve avanço na lei de 2005. A questão é complexa.

O afastamento dos que estão à frente da atividade econômica ainda é considerado um tema pouco explorado pela doutrina e são raras as decisões judiciais que examinam as disposições legais a respeito.

Nessa esteira, ainda são poucas obras doutrinárias voltadas à análise específica e profunda do tema, relevante no âmbito organizacional.

Os titulares deveram pautar suas práticas empresariais, invariavelmente observando a boa-fé objetiva e os princípios éticos, agindo de forma transparente.

É possível considerar a evolução da empresa e avaliar se realmente tem viabilidade de se manter no mercado competitivo.

Quem leva a efeito tal exame é a assembleia de credores, não o juiz condutor do processo. É a assembleia que avalia, por assim dizer, o histórico empresarial do devedor que requer a tutela estatal.

Lembre-se que a decisão prevista no art. 52 apenas e tão somente determinar o processamento da recuperação. Para que se obtenha a concessão da recuperação judicial (art. 58) há um caminho a ser percorrido.

Assim se posiciona a doutrina:

> *Cabe àquele que estiver em crise demonstrar efetivamente que, desde o nascimento da empresa, todos os requisitos legais para a sua constituição foram devidamente comprovados (subscrição, integralização do capital social, por exemplo), bem como provar à saciedade que a crise que atingiu a entidade não foi causada em decorrência de má-gestão (má administração), ou, principalmente, em virtude de gestão fraudulenta dos proprietários, ou ainda, por fim, que a crise se tenha dado em decorrência de fatores externos à empresa*[80].

80 CLARO, Carlos R. **Recuperação judicial: sustentabilidade e função da empresa**. São Paulo: LTr editora, 2019, p. 208.

Em síntese, durante o curso do processo de recuperação judicial, as pessoas que estão à frente da atividade econômica organizada [ou seja, o titular da sociedade limitada unipessoal, o empresário individual ou os administradores, diretores, gestores e demais pessoas] podem ser afastadas.

Faz-se necessária uma ordem judicial fundamental e devidamente justificada, em caso de ocorrência de uma ou mais das hipóteses contidas no art. 64 da lei.

Ao determinar o processamento da recuperação judicial, na própria decisão do art. 52, à vista dos elementos coligidos (até pela perícia prévia), o juiz poderá determinar o afastamento de quem dirige a atividade econômica e está à frente da instituição.

Na acepção dada por Santi Romano:

> *Também entendemos que a instituição é um ente ou um corpo social no sentido de que é manifestação de natureza social e não puramente individual do homem*[81].

A determinação para que os gestores sejam afastados é algo raro de ocorrer na prática, cabe enfatizar.

Geralmente - como sói ocorrer em regimes recuperatórios judiciais -, não se toma decisão deste viés ao determinar o processamento da reestruturação, até porque o magistrado verifica apenas se presentes todos os requisitos legais para ajuizamento da ação.

Questões outras são analisadas no decorrer, até em função de eventual provocação de credores ou interessados.

Entrementes, considerando esta situação específica - possibilidade de afastamento quando da análise da petição inicial - caberá ao juiz prudência e razoabilidade ao fazer juízo de valor, pois, eventualmente, a crise pode ser agravada, diante da destituição.

O afastamento de gestores, que sabem como funciona a atividade economia, pode provocar desvio de rota, desembocando na abertura judicial da falência.

A justificação e fundamentação hão de estar calcadas em sérios atos comissivos ou omissivos praticados. Nessa esteira, pondera Aristóteles:

81 **O ordenamento jurídico.** Florianópolis: Fundação Boiteux, 2008, p. 85.

> *Em todas as disposições de caráter que mencionamos, assim como em todos os demais assuntos, já uma meta a que visa o homem orientado pela razão, ora intensificando, ora relaxando a sua atividade; e há um padrão que determina os estados medianos que dizem serem os meios-termos entre o excesso e a falta, e que estão em consonância com a reta razão*[82].

São apenas nas situações específicas, elencadas no dispositivo legal (art. 64), que se permite o afastamento do devedor ou dos administradores.

Além das hipóteses legais, outras poderiam ter constado do dispositivo legal. Mas, a lei delimita as possiblidades de afastamento.

Em primeiro lugar, em havendo a destituição de quem está à frente da atividade econômica, a substituição ocorrer em conformidade com o estatuto ou contrato social.

A medida pode ter sido prevista no plano de recuperação [art. 50, inc IV, da lei]. Tal decisão pode ser objeto de agravo de instrumento, com pedido de efeito suspensivo.

Paralelamente a isso, cabe ao juiz convocar assembleia de credores, a fim de que escolham o nome do gestor judicial que deve assumir a atividade econômica [administra a recuperanda], sendo que todas as regras relativas ao administrador judicial são observadas quanto ao gestor nomeado (art. 21 e seguintes).

A convocação e o efetivo ato assemblear nem sempre ocorrem em prazo reduzido, o que pode prejudicar o desempenho da empresa sob regime recuperatório.

Bem esclarece Fábio Ulhoa Coelho que *essa duplicidade de representação prevista na lei é desastrosa*[83].

Cabe à assembleia geral de credores deliberar sobre o nome do gestor judicial (art. 35, inc. I, letra "e".

---

82 Ética a Nicômaco; Poesia (Os pensadores). São Paulo: Nova Cultural, 1987, p. 101.

83 **Comentários à nova Lei de Falências e Recuperação de Empresas**. São Paulo: Saraiva, 2005, p. 178.

Enquanto inexistir gestor, o administrador judicial fará seu trabalho - acumulado com o cargo de fiscalizar a recuperação judicial, sendo silente a lei quanto a alguns aspectos: por fazer as vezes do gestor, poderá o administrador judicial receber algo, a título de remuneração?

Seria interessante aconselhável que um credor - que não raro tem conflito com o devedor [em virtude da dívida não paga] - assumir a gestão da empresa em crise?

É interessante, produtivo, que o administrador judicial tenha duplo cargo no processo?

O ideal seria colocar a gestão empresarial nas mãos de terceira pessoa - de confiança do Juízo, estranha aos credores e ao devedor -, qualificada e alheia aos interesses e conflitos verificados no processo judicial.

É o mais salutar, para que de fato ocorra, quanto possível, o saneamento da empresa e a consequente restruturação.

Salvo melhor juízo, o mais correto seria a nomeação de pessoa que não tenha crédito e muito menos conflito com o devedor sob regime recuperatório. O mesmo se diga em relação ao universo de credores.

Caso o gestor nomeado pela assembleia recuse o cargo ou esteja impedido de aceitar, cabe ao juiz convocar novo ato assemblear, em 72 (setenta e duas) horas, a partir da data da recusa ou da declaração de impedimento nos autos do processo, a fim de que haja nova deliberação.

Enquanto isso, o administrador judicial permanece à testa da empresa sob recuperação. Há a possibilidade, em tese, de que este administrador judicial não reúna atributos para gerir a empresa, situação que pode preocupar.

Destarte, o afastamento dos gestores poderá gerir ainda mais problemas à recuperanda, aos credores e ao próprio processo.

Esclarecem Carlos H. Abrão, Lucilaine B. L. C. Martins e Carlos R. Claro, quanto ao afastamento dos administradores, que:

> *O não afastamento, portanto, esmaece a viabilidade econômico-financeira da empresa, reflete desconfiança dos credores, prejudicados pelo esvaziamento patrimonial, provocando uma atitude enérgica do estado juiz para não contaminar o mercado, haja vista que a blindagem do grupo econômico não pode*

servir de pressuposto para o cometimento de irregularidades e enriquecimento sem causa[84].

Um detalhe apenas: o processo de recuperação exige celeridade, estabilidade e segurança jurídica quanto a todos os atos praticados, de modo que, entre a decisão judicial e a assunção do novo gestor pode ocorrer grande lapso temporal, em prejuízo do devedor e credores.

A empresa não pode ficar sem pessoas que pratiquem atos tendentes ao prosseguimento da atividade econômica.

Enquanto não existir quem assuma efetivamente o cargo, o administrador judicial atuará, o que pode ser um equívoco.

Por fim, caso mais uma vez a assembleia de credores não defina um nome, o juiz fica autorizado a nomear pessoa estranha, com os requisitos necessários, salvo engano.

O que não se permite, de forma nenhuma, é a entidade sob regime recuperatório ficar sem gestor, aquela pessoa inclusive encarregada de dar cumprimento ao plano.

8.5. O ARTIGO 52 DA LEI 11.101/05

O magistrado, avaliando que a petição inicial da ação de reestruturação judicial está em conformidade com a lei, preenche todos os requisitos e há, de fato, desenvolvimento da atividade econômica do devedor, à vista, inclusive, do que atesta o diagnóstico preliminar, formará juízo de valor.

Por consequência, determinará o regular processamento do regime recuperatório, conforme art. 52 da lei de regência. Trata-se de decisão importante no âmbito recuperacional, que repercutirá, espalhará significativos efeitos.

A decisão judicial faz com que haja efeitos na esfera jurídico-econômica e patrimonial do devedor e do universo de credores, sem descuidar de clientes, parceiros e sociedade organizada, em última análise.

A eles, os credores, a decisão do art. 52 eventualmente poderá causar maiores gravames, por exemplo, porque a empresa não está em crise econômico-financeira e sim patrimonial, irreversível.

84 Op. cit., p. 242.

O grande problema é que, não raro, se percebe que a crise não é passageira, circunstancial (a crise econômico-financeira), mas patrimonial, quando o processo já está em estágio avançado.

Tomar a decisão prevista no art. 52 exige redobrada cautela, pois, a partir deste momento não poderá haver desistência da ação e o devedor se sujeitos aos termos do processo.

A menos que obtenha acolhimento de sua pretensão perante os credores - desistência da ação - o devedor passará a assumir riscos, inclusive insucesso da reestruturação.

É recomendável, nessa esteira, que todas as questões relativas à crise sejam analisadas com cautela e serenidade, apenas tomando a medida última, ingressar em juízo, se houver segurança a respeito do que se está fazendo.

O mesmo pode ser dito em relação a reestruturação extrajudicial ou em relação a qualquer outra medida que possa ser tomada em relação aos credores.

De fato, o bom senso e o equilíbrio devem estar presentes quando se tomar decisão.

Os credores poderão interpor agravo de instrumento, com pedido de efeito suspensivo.

Cabe ao interessado a agilidade necessária a fim de que seja interposto o recurso de forma célere, pois, a princípio, o agravo de instrumento não tem efeito suspensivo e os atos se vão sucedendo no âmbito do processo.

A demora na interposição poderá causar insegurança jurídica e prejuízos aos credores e ao próprio devedor recuperando, levando em conta eventual carga de lesividade ao bem jurídico tutelado.

Não é de bom alvitre que haja demora de análise do recurso, porquanto,

(i) O agravo de instrumento, via de regra, não tem efeito suspensivo, mas poderá ser atribuído tal efeito pelo Desembargador relator;

(ii) Em não havendo suspensão dos efeitos da decisão recorrida, a reestruturação judicial terá regular prosseguimento;

(iii) O administrador judicial nomeando imediatamente assumirá o compromisso legal e passará a praticar atos no âmbito do processo, inclusive gerando custos financeiros;

(iv) Várias determinações constantes do art. 52 serão imediatamente cumpridas, como publicação de edital, ciência do Ministério Público e demais comunicações.

Entretanto – no caso de não concessão de efeito suspensivo -, ao julgar o mérito recursal poderá ser dado provimento ao recurso, afastando a decisão agravada.

Entre a decisão inicial do desembargador relator - que não concedeu efeito suspensivo -, e o julgamento do agravo de instrumento propriamente dito, poderá haver razoável lapso de tempo (três, quatro meses ou mais].

Enquanto isso, atos processuais vão sendo regularmente praticados na reestruturação judicial, não apenas por devedor e administrador judicial, mas também por terceiros, credores e juiz.

Em tese poderá ocorrer a desestabilização processual e insegurança jurídica, inclusive quanto ao futuro do processo. Em sendo dado provimento ao agravo, o devedor não mais estar sob regime recuperatório, por exemplo.

O deferimento do processamento da recuperação judicial (art. 52) poderá ser revisto pelo tribunal, por iniciativa de credor, via agravo de instrumento, significando reversão de todos os atos praticados.

É de se repensar a respeito das questões recursai, a segurança jurídica e estabilidade do processo de recuperação.

Por isso, faz-se necessário protocolar eventual agravo de instrumento o quanto antes, a fim de haja reexame da decisão recorrida.

8.6. *AUTOMATIC STAY PERIOD*

O *automatic stay period* é importação do *Bankruptcy Code* norte-americano, estando expressamente previsto no art. 6º, inc. II e art. 52, III, da Lei 11.101/05.

Tal instituto está previsto no *Bankruptcy Code, Chapter 11*, [*Bankrupty Reform Act de 1978*][85] que trata da reorganização de empresa norte-americana.

85 Sobre o tema: CLARO, Carlos R. **Recuperação judicial: sustentabilidade e função social da empresa**. São Paulo: LTr Editora, 2009.

Quando da elaboração deste texto legal foram incorporados determinados institutos do direito comparado [especialmente França e Estados Unidos], enquanto outros, importantes para prevenção da crise, deixaram de constar da lei de 2005. São opções legislativas.

Incorporar determinados institutos ligados à insolvência exige muita prudência e cautela, dadas as peculiaridades do sistema jurídico nacional, cabendo compatibilização com o que de fato buscam as empresas para tentar o reerguimento.

Assevera Thomas Felsberg a respeito do instituto:

> *Como no modelo moratória-ou-venda, o Capítulo 11 impõe moratória a todos os credores, através de uma 'dilação automática' da ação dos credores enquanto durar o enquadramento no Capítulo 11, mas esse modelo vai além porque incentiva investidores a emprestar dinheiro novo à empresa durante os procedimentos judiciais, estipulando que os novos empréstimos serão pagos antes dos empréstimos não-garantidos contraídos antes da falência. O Capítulo 11 também elimina os juros sobre empréstimos não-garantidos*[86].

A respeito, Carlos R. Claro pontua:

> *O asserto supra diz respeito justamente com a' automatic stay' da legislação estadunidense, situação, como vista, não absorvida pela lei falencial brasileira, sendo certo que um dos motivos de ordem econômica é ampliar o direito de ação das instituições financeiras em relação ao devedor em crise. A falha em tal procedimento, segundo a doutrina, é a seguinte: o Capítulo 11 da lei norte-americana não afasta os administradores quando da reorganização (da mesma forma como era a concordata preventiva no Brasil). Portanto, tais administradores continuarão exercendo efetivo poder de mando da entidade. Considerando que o plano de reorganização deverá espelhar aquilo que a em-*

86 Apud - CLARO, Carlos R. **Recuperação judicial: sustentabilidade e função social da empresa**. São Paulo: LTr Editora, 2009, p. 131.

> *presa se dispôs a cumprir, neste exato momento começam as barganhas perante os credores*[87].

Em resumo, é um lapso temporal dentro do qual ações e execuções ajuizadas em face do devedor recuperando deverão ficar suspensas, se não permitindo a retirada de bens essenciais à atividade econômica da entidade em crise em tal período.

O prazo de suspensão das ações e execuções judiciais - a fim de conceder fôlego ao devedor recuperando -, estabelecido pela lei é 180 (cento e oitenta) dias, contado da data da decisão que manda processar a recuperação judicial.

Com a alteração da lei, possível a prorrogação por mais 180 (cento e oitenta) dias, uma vez, em caráter excepcional, contanto que o agente econômico devedor não tenha dado causa para a extrapolação do prazo.

Assim se posicionou o Tribunal de Justiça do Paraná:

> *AGRAVO DE INSTRUMENTO. AÇÃO DE BUSCA E APREENSÃO. FIM DO STAY PERIOD DA RECUPERAÇÃO JUDICIAL. POSSIBILIDADE DE PROSSEGUIMENTO DA PRETENSÃO DE RETOMADA DO BEM. INTELIGÊNCIA DO ARTIGO 6º, §4º E §7-a DA LRF. LIMINAR REVOGADA. DECISÃO AGRAVADA MANTIDA. RECURSO CONHECIDO E DESPROVIDO.*
> *Nos termos do art. 6º, § 4º da Lei 14.112/2020, na recuperação judicial, as suspensões e a proibição de que tratam os incisos I, II e III do caput deste artigo perdurarão pelo prazo de 180 (cento e oitenta) dias, contado do deferimento do processamento da recuperação, prorrogável por igual período, uma única vez, em caráter excepcional, desde que o devedor não haja concorrido com a superação do lapso temporal.*
> *No caso em espécie, conforme informado pelo Administrador Judicial em grau recursal (mov. 35.1), por determinação do juízo da recuperação judicial, o stay period foi deferido e, em 16/03/2020 foi encerrado, sem a decretação da essencialidade do bem objeto da ação de busca e apreensão.*

87 Op. cit., p. 131

E, nesse ponto, cumpre salientar, que decorrido o stay period, sem notícia de sua ampliação pelo juízo da recuperação judicial, fica superada a análise da essencialidade do veículo em questão, motivo pelo qual o feito deve prosseguir independentemente de pronunciamento judicial[88].

Ainda,

AGRAVO DE INSTRUMENTO. RECUPERAÇÃO JUDICIAL. DETERMINAÇÃO DE SUSPENSÃO DE 03 (TRÊS) AÇÕES DE BUSCA E APREENSÃO AJUIZADAS CONTRA A RECUPERANDA. PEDIDO DE REVOGAÇÃO. INDEFERIMENTO. RECURSO DA INSTITUIÇÃO FINANCEIRA CREDORA. SUBSISTÊNCIA. HOMOLOGAÇÃO DO PLANO E CONCESSÃO DA RECUPERAÇÃO JUDICIAL. NECESSIDADE DE RETOMADA DAS AÇÕES E EXECUÇÕES AJUIZADAS CONTRA A RECUPERANDA. SUSPENSÃO RESTRITA AO STAY PERIOD. Considerando que já houve a homologação do plano e a concessão da recuperação judicial, as ações de busca e apreensão movidas pelo agravante contra a recuperanda devem ter seu regular prosseguimento, até porque o juízo recuperacional não possui mais competência para analisar a questão atinente à essencialidade dos bens.
Recurso provido.[89]

8.7. CONSOLIDAÇÃO PROCESSUAL E SUBSTANCIAL

A consolidação processual e substancial são institutos novos na Lei 11.101/05. Foram introduzidos pela reforma ocorrida via Lei 14.112/2020.

Inicialmente, explica Ricardo Negrão:

A expressão 'consolidação processual' recentemente cunhada alhures é totalmente desprovida de fundamento teórico ou

88 TJPR, 18ª Câmara Cível, Agravo de Instrumento n. 0040621-86.2021.8.16.0000, rel. Des. Marcelo Gobbo Dalla Dea, julg. 26/11/2021.

89 TJPR, 18ª Câmara Cível, Agravo de Instrumento n. 0001134-12.2021.8.16.0000, rel. Des. Péricles Bellusci de Batista Pereira, julg. 28/04/2021.

técnico no Direito brasileiro: ou há litisconsórcio necessário ou não há[90].

A bem da verdade, considerando o dinamismo empresarial, os grandes grupos econômicos existentes no Brasil, a lei foi alterada, a fim de introduzir a aludida consolidação (processual e substancial).

A consolidação processual diz respeito à possibilidade de formação de litisconsórcio ativo no tocante às entidade econômicas que ingressam em juízo, para fins recuperatórios.

Cada pessoa jurídica apresentará seu plano individual de soerguimento, sem que ocorra união de ativos e lista unificada de credores, por exemplo, de entidades que pertençam ao grupo econômico.

A documentação exigida pelo art. 51 será apresentada individualmente (art. 69-G, §1º).

Porém, diz a lei *os devedores proporão meios de recuperação independentes e específicos para a composição de seus passivos, admitida a sua apresentação em plano único.* As deliberações por parte dos credores em assembleia serão independentes.

Em resumo, a consolidação tem como escopo a economia processual e a coordenação de atos processuais, *garantida a independência dos devedores, dos seus ativos e dos seus passivos* [art. 69-I].

Quanto a competência, estabelece a lei, será o do local onde instalado o principal estabelecimento entre os dos autores da ação, levando em conta a regra do art. 3º da lei.

Caberá a nomeação de administrador judicial único.

O destino de cada uma das entidades recuperandas, por força de lei, não é único. Em conformidade com o art. 69-I, §4º, a consolidação pode, em resumo, determinar a reestruturação de agentes econômicos, enquanto outros poderão entrar em regime falimentar.

Em situação, haverá o desmembramento em tantos processos que se façam necessários.

A consolidação processual, em síntese, visa a unificação de ativos e passivos das entidades que requerem o regime recuperatório judicial

---

90 **Curso de direito comercial e de empresa. Volume 3. Recuperação de Empresas, Falência e Procedimentos Concursais Administrativos**. 16ª edição. São Paulo: Saraiva, 2022, p. 183.

e que pertencem ao mesmo grupo econômico. O regime está previsto a partir do art. 69-J da Lei 11.101/05.

Pode ser autorizado pelo juiz condutor do processo, de forma excepcional e dadas as peculiaridades do caso concreto, independentemente de deliberação assemblear.

É pressuposto, porém, que antes tenha ocorrido a consolidação processual.

Caso o magistrado entenda que de fato há a interconexão e a confusão de patrimônio e de dívidas dos devedores que fazem parte do grupo econômico, sendo impossível a identificação pormenorizada acerca da (i) titularidade dos bens e (ii) quem de fato é o devedor.

Caberá averiguar se presentes ao menos duas das hipóteses previstas no art. 69-J da lei.

Determinada a consolidação de cunho substancial, ativos e passivos dos devedores serão considerados com se pertencesse a uma única pessoa jurídica.

Demais, determinada a consolidação substancial, inexistirá impacto no que diz respeito á garantia real dos credores, a menos que haja autorização expressa do titular.

Por outro lado, o plano de reestruturação será único, o qual discriminará os meios recuperatórios, sendo avaliado por assembleia geral de todos os credores das pessoas jurídica devedoras.

É, resumo, a unificação de todos os débitos e ativos dos que buscam a tutela estatal.

Em havendo união de ativos e passivos, estabelece a lei que a sorte de todas as organizações econômicas será única, pois, rejeitado o plano pelos credores, a abertura judicial da falência é medida que se impõe, a todas, sem exceção.

9. ÓRGÃOS DO PROCESSO

São órgãos do processo: o juiz, o representante do Ministério Público, o administrador judicial, o comitê de credores e a assembleia geral de credores.

O advogado que atua pela entidade recuperanda, por credores ou terceiros não é órgão do processo.

O juiz é o diretor do processo, cabendo-lhe cumprir as disposições contidas na Lei 11.101/05, enunciados legais do Código de Processo Civil e demais textos de lei. Diz a doutrina:

> *Não basta a prática profissional na área falimentar. Nunca bastou, com efeito. A prática do direito falimentar deve andar de mãos muito bem dadas com a teoria acerca dos institutos, com o efetivo estudo a respeito dos vários temas albergados [também] pela Lei 11.101/05. A prática, portanto, não coloca ao alcance do profissional o tão almejado conhecimento científico. São coisas completamente distintas. Teoria e prática devem caminhar sempre juntas, cabendo, nessa esteira, [tentar] reavivar o direito empresarial [em geral], assim como o direito falimentar [em particular]*[91].

E mais,

> *Mas também, e tal aspecto cabe ao magistrado observar, que o tempo pode ser um grande inimigo para o sucesso da pretensão esposado pelo devedor em via de recuperação judicial. A atividade jurisdicional, então, deverá ser revestida da celeridade, segurança jurídica e urgência que o caso comportar, sob pena de o próprio mercado no qual atua a recuperanda apostar contra o sucesso do negócio, fazendo com que ela imediatamente se retire. Além da especialidade de quem apreciará e julgará a questão jurídica apresentada no processo de reorganização, é fator deveras importante, até mesmo para que não ocorra perecimento do próprio direito material e prejuízo a credores e ao devedor. Há de se ter em linha de raciocínio o princípio da proporcionalidade ou da razoabilidade, nem sempre lembrado nos casos concretos. O enfoque [melhor dizendo, a interpretação jurídica] incorreto da lei poderá fazer com que o intérprete acabe por cometer graves falhas, equívocos, às vezes irreversíveis e astronômicos, sem quaisquer condições de conserto*[92].

91 CLARO, Carlos R. **Temas de recuperação judicial**. Op. cit., pp. 56-57.

92 Op. cit., p. 65.

Por fim,

> *No âmbito do processo de recuperação judicial, da mesma forma, caberá ao juiz, e não aos credores, como se tem propagado, a última palavra acerca das pretensões do devedor manejadas em juízo. Em outras palavras, mas com igual alcance, ao receber a petição inicial do pedido, caberá ao magistrado condutor do processo a atenção necessária a fim de verificar se caso é de mandar (ou não) processar a recuperação. Observado o princípio da indeclinabilidade, passará o Estado-juiz a atuar de forma efetiva no processo. Com isso, tem-se que a responsabilidade na condução do processo, para que se tente, ao menos, a recuperação, passará das mãos do devedor para as do Estado-juiz*[93].

Quanto ao Ministério Público, houve veto Presidencial do art. 4º a Lei 11.101/05, de modo que o agente ministerial somente atuará quando a lei assim o dispuser.

Há vários enunciados legais expressos determinando a intimação do promotor de justiça (artigos 51-A, §6º, 52, inc. V, 99, inc. XIII, 142, §7º e 187 e seu §2º, por exemplo).

Infelizmente o art. 4º foi vetado, mas seria importante maior presença do agente ministerial na falência e nos processos de reestruturação, principalmente para fins de fiscalização dos atos processuais praticados.

É relevante a participação do represente do Ministério Público, tanto nos regimes recuperatórios quanto na falência, a bem do interesse público prevalente (CF, art. 127).

A defesa do interesse público sempre deverá ser colocada em degrau superior.

O comitê de credores não é órgão obrigatório. É constituído por deliberação de qualquer classe de credores em assembleia (art. 26) e será composto de quatro membros (mesmo art. 26).

93 CLARO, Carlos R. **O Estado-juiz como um dos sujeitos principais nos processos de falência e de recuperação judicial**. https://jus.com.br/artigos/87478/o-estado-juiz-como-um-dos-sujeitos-principais-nos-processos-de-falencia-e-de-recuperacao-judicial. Acesso: 24/07/2023.

Suas atribuições estão previstas no art. 27, tanto no âmbito da recuperação judicial quanto na falência.

A massa falida e a recuperanda não pagarão a remuneração dos membros do comitê e o art. 30 traz as hipóteses de impedimento a integrar tal órgão.

O juiz, de oficio ou com base em requerimento fundamentado de qualquer interessado (não carece ser necessariamente credor) poderá determinar a destituição de qualquer membro do comitê.

Isso pode ocorrer caso verifique desobediência aos comandos legal, descumprimento dos deveres, atos omissivos, negligencia ou mesmo pratica de ato lesivo às atividades da entidade recuperanda ou a terceiro.

Importante destacar, no tocante aos prejuízos eventualmente causados ao devedor ou aos credores, que os membros do comitê responderão por dolo ou culpa.

Em havendo dissidente acerca de alguma deliberação - a fim de evitar problemas judiciais -, desde logo deve consignar em ato suas razões, afastado eventuais responsabilidades.

Tanto em relação ao administrador judicial quanto aos membros do comitê de credores, a lei é bastante branda, no que diz com a responsabilização por atos omissivos ou comissivos.

A redação do art. 32, por exemplo, poderia ter melhor acabamento.

Destaque-se que a lei de 2005 não apresenta, por exemplo, algumas hipóteses impeditivas constantes do art. 60, §3º, do Dec.-Lei 7.661/45.

A assembleia geral de credores é órgão deliberativo máximo, mas não é em todo e qualquer processo de falência ou de reestruturação que existirá.

Depende muito do tamanho da empresa, do número de credores, e assim por diante. Há poder deliberativo, de fato, mas sem poder decisório. Este cabe ao Estado-juiz.

A composição da assembleia é prevista no art. 41 e suas atribuições elencadas no art. 35.

10. MEIOS RECUPERATÓRIOS

Alguns meios recuperatórios estão previstos no art. 50 da lei, mas as hipóteses legais não são exaustivas.

São várias as possibilidade – a lei o faz de forma exemplificativa, tão somente - que se oferece para fins de saneamento, reestruturação e soerguimento do agente econômico, sem descuidar de outras tantas, não elencadas no dispositivo legal.

As negociações entre devedor e credores podem gerar novas formas de soerguimento. O que ao tempo do Decreto-Lei 7.661/45 se traduzia em ato de falência [art. 2º, inc. III], agora é incentivado pela lei.

O escopo legal é a tentativa de recuperação do agente econômico em crise econômico-financeira, ficando a falência reservada aos que de fato não reúnem condições de soerguimento [inarredável crise patrimonial].

A Lei 14.112/2020 fez algumas modificações pontuais no art. 50 (incisos XVII e XVIII), bem como incorporou alguns parágrafos.

A exemplo, a conversão de dívida em capital social, ou seja, poderá o credor fazer parte do quadro societário da recuperanda, adquirindo ações ou quotas.

Desde logo cabe salientar que as hipóteses ali elencadas não são exaustivas, o que significa dizer que o devedor pode encontrar outros meios para a superação a da crise e que sejam aceitos pelo universo de credores.

Na parte final do art. 50 está escrito "dentre outros", significando que pode haver hipótese que melhor se coadune com a situação concreta e que seja mais adequada para honrar o pagamento das dívidas.

10.1. Financiamento do devedor

O financiamento do devedor e do grupo devedor sob regime recuperatório está previsto na Lei 11.101/05, tendo em conta as alterações advindas em 2020. É instituto novo no microssistema da insolvência.

O tema é tratado em seis dispositivos legais.

Houve inovação legislativa, porquanto o instituto não era previsto no Decreto-lei 7.661/45.

Por força do art. 66 da lei, após a distribuição da ação de recuperação judicial, não poderá o devedor alienar ou onerar bens ou direitos do ativo circulante salvo expressa autorização judicial.

As intenções da lei, para fins de tentativa de soerguimento, seguindo a legislação norte-americana [*Chapter 11* do *Bankruptcy Code* - *DIP financing* - *debtor in possession* - devedor na posse], são as melhores possíveis.

A lei, por si só, não recuperar agentes econômicos em crise e deve passar, invariavelmente, pelo teste da prática. Vários são os dispositivos legais que ainda carecem passar pelo filtro da prática.

Estando o devedor mergulhado em crise econômico-financeira, muitas portas se fecham, principalmente das instituições financeiras, que reduzem ou não concedem crédito. Há limitação quanto ao acesso ao crédito no mercado, sem dúvida.

O financiamento do devedor, instituto advindo do sistema norte-americano, se pode traduzir em fator de relevância para o soerguimento da pessoa jurídica.

Evidente que o financiamento também se traduz em risco ao investidor, em decorrência da eventual retirada do devedor do mercado em que atua (falência).

Não obstante os termos de determinados dispositivos que, de uma forma ou de outra, protegem os direitos do financiador de boa-fé (art. 66-A, art. 84-I-B, art. 131).

Muito embora o crédito do investidor-financiador seja considerado extraconcursal na falência (art. 69-B), de todo evidente que esta pode acabar prejudicando seus interesses e direitos.

Não é o primeiro a receber seu crédito na falência.

Caso não haja ativos suficientes para fins de arrecadação, é possível que até os credores extraconcursais deixem de receber seus créditos.

Com efeito, se não olvide que, havendo recursos financeiros em caixa, primeiro devem ser pagas as quantias previstas nos artigos 150 e 151[94] e depois aquele que financiou o devedor.

Em boa hora ocorre a alteração da hierarquia de pagamentos prevista no art. 84 da lei.

Mediante autorização judicial, poderá ser assinado contrato de financiamento das atividades do agente econômico sob regime recuperatório, bem como as despesas da reestruturação ou de preservação do valor dos ativos relacionados na ação.

---

94 *Art. 150. As despesas cujo pagamento antecipado seja indispensável à administração da falência, inclusive na hipótese de continuação provisória das atividades previstas no inciso XI do caput do art. 99 desta Lei, serão pagas pelo administrador judicial com os recursos disponíveis em caixa.*

Art. 151. Os créditos trabalhistas de natureza estritamente salarial vencidos nos 3 (três) meses anteriores à decretação da falência, até o limite de 5 (cinco) salários-mínimos por trabalhador, serão pagos tão logo haja disponibilidade em caixa.

Consta da lei que o juiz deverá ouvir o Comitê de Credores [art. 27, inc. I, letra "f", caso exista, mas nada estabelece sobre a manifestação do administrador judicial.

Diz a regra do art. 35, inc. I, letra "g", que cabe à assembleia geral de credores deliberar sobre a alienação de bens ou direitos do ativo não circulante da entidade recuperanda, não prevista no plano de reestruturação.

Em garantia o devedor ou terceiros entregam bens e direitos [que pertençam ao ativo não circulante], via alienação fiduciária ou oneração.

O financiamento pode ser levado a efeito por qualquer pessoa, física ou jurídica, até mesmo os credores que estejam ou não sob os efeitos do regime, familiares, sócios acionistas e aqueles que integram o grupo do devedor.

Caso a decisão judicial que defere o pedido seja objeto de recurso, não poderá haver alteração da natureza extraconcursal do crédito, nem as garantidas apresentadas pelo devedor em favor do agente financiador imbuído de boa-fé, caso a entrega dos recursos financeiros já tenha ocorrido.

Ocorrendo a convolação da recuperação judicial em falência (presente uma ou mais hipóteses previstas no art. 73), antes da liberação total dos valores, o contrato é rescindido de forma automática.

O crédito será classificado como extraconcursal na falência - ou seja, será pago antes dos credores do falido (art. 83), conforme regra do art. 84, inc. I-B da lei [e art. 67].

Ora, se a hipótese ventilada fizer parte do plano de reestruturação, aprovado pelos credores em assembleia geral, caso não é de requerer a autorização judicial prevista no art. 69-A.

Seria dispensável tal pleito, porquanto já analisado e aceito pelos credores, reunidos em assembleia.

Nos termos do já citado art. 35, inc. I, letra "g", caso a alienação não esteja prevista no plano de reestruturação e, por consequente, a questão não passou pelo crivo da assembleia de credores, há de ser formalizado o pedido, conforme regra do art. 69-A. Formalizado o pleito, a assembleia de credores precisa decidir a respeito de seu conteúdo.

Não há impeditivo a que o financiamento do devedor também ocorra no âmbito da recuperação extrajudicial.

Contanto que o plano de reerguimento não contemple o pagamento antecipado de dívidas e não conceda tratamento desfavorável aos credores a ele não adstritos, acredita-se que plenamente possível o financiamento do devedor em crise.

Justifica-se tal entendimento, sem descuidar de eventuais posições contrárias, porquanto o art. 69-A, não obstante inserido no Capítulo referente à recuperação judicial, a ela se referindo de forma específica, deve ser interpretado de forma sistemática, teleológia e axiológica.

A regra do art. 66-A assim dispõe:

> *A alienação de bens ou a garantia outorgada pelo devedor a adquirente ou a financiador de boa-fé, desde que realizada mediante autorização judicial expressa ou prevista em plano de recuperação judicial ou extrajudicial aprovado, não poderá ser anulada ou tornada ineficaz após a consumação do negócio jurídico com o recebimento dos recursos correspondentes pelo devedor.*

O art. 66-A, ao fazer referência ao financiador de boa-fé, que agiu no âmbito da recuperação extrajudicial. Destarte, nesta plenamente possível que haja o DIP, mesmo que nada conste do art. 69-A da lei.

11. O PLANO DE REESTRUTURAÇÃO

O plano de soerguimento empresarial é certamente o documento mais importante do processo de reestruturação, pois, é ele que contém o norte para a tentativa de superação da crise do devedor.

A lei estabelece o prazo improrrogável para a apresentação do plano em juízo, que é de 60 (sessenta) dias a contar da data em que publicada a decisão que determina o processamento a recuperação (art. 52).

O prazo para apresentação do plano não pode ser considerado exíguo e, por outro lado, há de ser objeto de muitas reflexões. É ele que concederá ou não a oportunidade de reerguimento empresarial.

Dito de outro modo, quanto melhor elaborado, razoáveis meios recuperatórios, que sejam de fato atrativos aos credores, mais possibilidades de reerguimento da empresa.

São os credores que avaliam se vale o sacrifício de colaborar para que ocorra a reestruturação do devedor e pagamento das dívidas.

Caso o devedor não o apresente dentro do prazo, diz a lei que haverá convolação da recuperação judicial em falência.

Obviamente pode ocorrer algum fato grave que prejudique o cumprimento do prazo legal, de modo que, dada a situação concreta, caberá ao juiz apresentar suas razões ao juiz, a fim de evitar a convolação da recuperação em falência.

Outro aspecto a apontar é que, dentro do prazo de suspensão das ações e execuções (180 dias) correrá o prazo de 60 (sessenta dias) para que o devedor faça a juntada do plano.

Ainda, havendo objeção ao plano de reestruturação, a regra do art. 56, §1º é no sentido de que a assembleia geral de credores deverá ocorrer em prazo de até 150 (cento e cinquenta) dias a contar do deferimento da recuperação (aqui a lei não estabelece que é da publicação desta).

Dentro do período de suspensão das ações e execuções correm outros prazo.

Aliás, o Superior Tribunal de Justiça esposou entendimento segundo o qual a contagem dos prazos de suspensão das execuções e para a apresentação em juízo do plano de reestruturação deve ser em dias corridos e ininterruptos, ou seja, afasta a regra geral do Código de Processo Civil. [Superior Tribunal de Justiça, REsp. n. 1.699.528-MG, 4ª Turma, relator Min. Luis Felipe Salomão, julg. 10/04/2018].

Importa notar que o plano substitutivo apresentado pelos credores (art. 56, §§4º e 6º), porquanto rejeitado aquele do devedor, de forma alguma poderá implicar na imposição à entidade recuperanda ou aos seus sócios (e acionistas) maior sacrifício do que aquele que decorreria da liquidação na falência.

Esta ideia vem do sistema norte-americano.

Porque disposto anteriormente, em termos estruturais, a lei concede ao devedor o direito de primeiramente apresentar o plano.

Em caso de rejeição, os credores poderão fazê-lo. Afinal, são os titulares do agente econômico em crise que estão mais a par da situação econômico-financeira, de modo que mais aptos a mostra as alternativas, visando o soerguimento.

A lei silencia acerca do modo de apresentação do plano, ou seja, se deve ser anexado aos autos do processo ou se poderá haver apresentação quando da assembleia geral (a lei fala em "plano proposto").

O plano dos credores, a princípio, deve prever uma ou mais das hipóteses contidas no art. 50. Porém, nada impede que solução outra seja apresentada, para fins de resolução da crise.

É de se ressaltar, porém, a questão do sacrifício imposto à entidade devedora e seus componentes.

Por outro lado, o devedor, para fins de afastamento do plano apresentado pelos credores, poderá alegar voto abusivo [apresentado razões plausíveis e provas] e reverter a situação [art. 39, §6º].

Ao decidir, o juiz pode acolher a alegação da entidade recuperanda e ao final aprovar o plano primeiro, o do devedor, ficando sem efeito o dos credores.

Lembre-se que somente poderá ser votado o plano alternativo contanto que preencha todos os requisitos apontados pelo art. 56, §6º da lei. Quem examina se estão presentes todas as condições impostas pela regra legal é o juiz, tão somente.

O Poder Judiciário controla a legalidade do plano de reestruturação apresentado pelo devedor e aquele juntado pelos credores, na hipótese do art. 56, §§4º e 6º.

Cabe ao juiz condutor do processo verificar se as cláusulas são válidas e estão revestidas de todas as formalidades legais, bem como se cumpridos os requisitos elencados no art. 53 da lei de regência.

Quanto a essência do plano de reerguimento [viabilidade empresarial forma de pagamento dos credores, inclusive trabalhistas e por acidente de trabalho etc.], o tema é direcionado à assembleia geral de credores.

Por outro lado, não cabe ao juiz ingressar em determinados temas, conforme decidiu o TJSP:

> *Relativamente ao pagamento de credores, a Assembleia Geral de Credores é dotada de autonomia, não cabendo ao Poder Judiciário intervir no mérito do plano de recuperação judicial aprovado, competência esta outorgada, com exclusividade, aos credores, salvo quanto a eventuais ilegalidades nele constantes, o que não se verifica na hipótese sub judice*[95].

O Estado-juiz não ingressa em detalhes do plano, ficando essa incumbência aos credores. Seu dever é analisar se o documento está em conformidade com a lei.

95 TJSP, Agravo de Instrumento n. 1054969-12.2018.8.26.0100, rel. Des. Manoel de Queiroz Pereira Calças, decisão de 14/04/2020.

Para finalizar, o plano de reestruturação não garante a recuperação do organismo empresarial e seu efetivo retorno ao mercado.

A crise sanitária mundial pode ser utilizada com bom exemplo no sentido de que fatores imprevisíveis, externos e alheios à empresa, poderão ocorrer no curso da execução do plano de soerguimento.

Significa dizer que, mesmo diante da existência de plano factível, pode ocorrer algum fato que impeça o seu efetivo cumprimento, inviabilizando o reerguimento empresarial.

11.1. Conteúdo do plano

Estabelece o art. 53 os requisitos legais que devem ser observados no plano, quais sejam:

(i) Discriminação pormenorizada dos meios recuperatórios, observado o contido no art. 50, cabendo anexar resumo;

(ii) Demonstração da viabilidade econômica do devedor;

(iii) Laudo econômico-financeiro e avaliação dos ativos, a ser assinado por profissional habilitado ou pessoa jurídica especializada

O plano precisa seguir os requisitos legais, sendo que, incompleto, poderá(ria) ocorrer a abertura judicial da falência, conforme entendimento esposado por Frederico A. M. Simionato[96].

Quer-se crer, porém, que na eventualidade da ausência de determinado dado ou documento indispensável, o juiz pode determinar a intimação da entidade recuperanda a fim de que supra a falha, em curto prazo.

Não é em toda a situação concreta, específica, que a recuperação judicial poderá ser convolada em falência.

Caso o plano não reúna todos requisitos legais estabelecidos, prudente e recomendável é a abertura de prazo a fim de que o devedor se posicione e supra eventuais omissões, juntando a documentação pertinente.

A falência é segunda alternativa, considerando o viés apresentado pela Lei 11.101/05 e se há observância das diretrizes constantes do art.

96 **Tratado de direito falimentar**. Rio de Janeiro: Forense, 2008, p. 174.

47 deste texto legal. Caso não o faça, aí sim, em tese, a falência do devedor poderá ser aberta.

O que o art. 73, inc. II estabelece é a ausência de plano dentro do prazo marcado pela lei. Apenas.

Ora se se quer buscar o soerguimento da entidade mergulhada em crise, eventual lapso ocorrido quanto ao plano, e quanto a isso caberá o juiz analisar, avaliar e decidir, é de se conceder prazo para que a questão seja perfeitamente dirimida.

O plano é, certamente, o documento mais importante do processo recuperatório.

É ele que estabelecerá se, de fato, existe viabilidade empresarial.

Em sendo positiva a resposta, haverá ele, o plano, de discriminar de forma pormenorizada quais os meios adotados para a saída da crise, considerada momentânea.

Demais, a análise do plano (i) há de ser técnica, embasada na razão; (ii) para fins comparativos, a documentação que instruiu a petição inicial (art. 51) também deve ser considerada.

Quanto ao critério "viabilidade" esta deve levar em conta o caráter estritamente objetivo, arrimado nos registros contábeis da recuperanda.

Ao credor, deve haver atenção principalmente quanto ao patrimônio líquido do devedor. Por outro lado, no que se refere ao caráter subjetivo, diz respeito ao aspecto econômico da empresa.

Dito de outro modo, ao devedor cabe demonstrar que existe a viabilidade, a viabilidade futura de sua atividade, não atual.

As dívidas, a totalidade do passivo que está no processo e aquele que não está (o fiscal, por exemplo) somente serão pagas se a empresa estiver assentada em piso firme, em rocha.

O laudo econômico-financeiro e de avaliação de ativos da entidade recuperada deverá ser assinado por profissional legalmente habilitado ou entidade jurídica especializada, que assume a responsabilidade pelo conteúdo.

A lei não esclarece quem deve cumprir os requisitos dos incisos I e II do art. 53.

Muito embora a discriminação dos meios recuperatórios e a demonstração da viabilidade econômica da empresa contenha elevada carga teórica, é prudente que seja o documento redigido por técnico especializado, sendo o discurso afinado com os dados contábeis a serem juntados.

A carga teórica tem caráter de discurso persuasivo [ou propositivo], porquanto procura convencer o auditório Dito de outro modo, o objetivo é demonstrar aos credores que a empresa é viável e se pode manter ativa no mercado, pagando as dívidas devidas.

A justificativa das medidas que se pretende implementar tem a ver com a necessidade de sacrifício e cedência, a serem suportados pelos credores.

Ao devedor incumbirá, mediante discurso próprio e afinado com a documentação e sua realidade, demonstrar que o sacrifício será compensado, porquanto pagamento futuro da dívida haverá.

11.2. Os credores trabalhistas e os decorrentes de acidente do trabalho

De acordo com a regra do art. 54, o plano deverá dar tratamento diferenciado aos credores trabalhistas e créditos decorrentes de acidente de trabalho.

Não obstante outras benesses concedidas a determinados credores, de fato, o art. 54 procura preservar o direito daqueles que trabalharam para o devedor ou sofreram acidente quando do desempenho da atividade laboral.

Dele consta que não poderá prever prazo superior a 1 (um) ano para pagamento dos créditos vencidos até a data da distribuição da recuperação judicial.

Entretanto, com a alteração da lei, o prazo poderá ser estendido em até 2 (dois) anos, se o plano atender de forma cumulativa os seguintes requisitos:

(i) Apresentação de garantias, consideradas suficientes pelo juiz;

(ii) Houver aprovação por parte dos credores titulares de créditos derivados das leis trabalhistas ou decorrentes de acidentes de trabalho, com conformidade com o art. 45, §2º, ou seja, a aprovação da maioria simples dos credores presentes em assembleia, independentemente do valor do crédito;

(iii) Houver garantia de que os valores devidos aos trabalhistas serão pagos na integralidade.

De conformidade com o art. 54, §1º, não poderá ser previsto prazo superior a 30 (trinta) dias para pagamento, com o teto de 5 (cinco) salários-mínimos por trabalhador, dos créditos estritamente salarial, vencidos nos 3 (três) meses anteriores à distribuição da recuperação judicial.

A princípio, poder-se-ia pensar, num primeiro momento, que a elasticidade dada pela regra do art. 54, §2º, poderia criar prejuízos aos credores, passando de 1 (um) ano para até 2 (dois anos) o prazo para pagamento dos créditos.

Entretanto, havendo garantia (a lei não especifica que tipo de garantia poderá ser ofertada) e os credores acolhendo a pretensão em assembleia, é porque, no mínimo, acreditam na superação da crise e pagamento do que lhes é devido.

11.3. Garantias reais

Ao elaborar o plano de recuperação o devedor deverá ficar atento para determinados detalhes. Em relação às garantias reais, por exemplo, a regra do art. 50,§1º, é no sentido de que

> *na alienação de bem objeto de garantia real, a supressão da garantia ou sua substituição somente serão admitidas mediante aprovação expressa do credor titular da respectiva garantia.*

Somente poderá ocorrer a alienação, a supressão ou a substituição da garantia em caso de prévia e expressa anuência do credor. É o que entende parte da doutrina.

Alguns pensadores entendem de forma diversa. Marlon Tomazette, por exemplo, tem abalizada posição:

> *Assim, a simples desoneração ou substituição da garantia não depende do consentimento do credor titular da garantia. Da mesma forma, a simples alienação do bem objeto da garantia, sem afastar o direito real, não dependerá do consentimento do titular da garantia. Todavia, a alienação do bem, afastando-se a garantia que incide sobre ele, seja pela substituição, seja pela simples desoneração, dependerá do consentimento especifico do credor titular da garantia*[97].

97 Op. cit., p. 203.

11.4. Créditos em moeda estrangeira

Quanto aos créditos em momento estrangeira, algumas considerações são pertinentes. Em primeiro lugar, no tocante aos meios recuperatórios, a regra do art. 50, §2º, estabelece que

> *A variação cambial será conservada como parâmetro de indexação da correspondente obrigação e só poderá ser afastada se o credor titular do respectivo crédito aprovar expressamente previsão diversa no plano de recuperação judicial.*

Em segundo, para fins de votação, o crédito será convertido em moeda nacional pelo cambio da véspera da data de realização de assembleia geral de credores (art. 38, parágrafo único).

Quanto a recuperação extrajudicial, para fins de apuração do percentual previsto no caput do art. 163, a variação somente poderá ser afastada se o credor aprovar de forma expressa previsão diversa no plano (art. 163, §5º).

De acordo com o entendimento de Marlon Tomazette:

> *A variação cambial será conservada como parâmetro de indexação da correspondente obrigação e só poderá ser afastada se o credor titular do respectivo crédito aprovar expressamente previsão diversa no plano de recuperação judicial. Mais uma vez, protege-se a garantia que o credor tem especificamente em certas obrigações*[98].

Em havendo abertura judicial da falência, a conversão do crédito em moeda estrangeira para a nacional ocorrerá considerando o câmbio da data da sentença (art. 77).

É indisfarçável que a lei, tanto nos regimes recuperatórios quanto no âmbito, concede certas benesses a determinados credores, diferenciando-os em relação aos demais, por mais que façam parte do plano de reerguimento e se sujeitem à hierarquia do art. 83.

98 Op. cit., p. 203.

12. PROCEDIMENTO APÓS O PLANO

Apresentado o plano de reorganização e verificando o juiz que nenhuma das hipóteses do art. 73 se faz presente, caberá dar ciência aos credores, que poderão oferecer "objeção" ao documento.

Para tanto, é publicado edital com aviso aos credores acerca do recebimento do plano, fixando-se para manifestação e eventual protocolo de objeção. Conforme art. 55, o prazo é de 30 (trinta) dias.

Nem sempre há insurgência em relação ao plano. Pode ocorrer que em reestruturação de pequena e média empresa os credores, cientes do teor do plano, expressem concordância tácita.

Em situação tal, a próxima etapa, contanto que o plano preencha todos os requisitos legais, o juiz observará a regra do art. 58, ou seja, concederá a recuperação judicial do devedor.

Destaque-se que, na prática, a regra do art. 57 nem sempre é observada.

Proferida a decisão contida no art. 58, o juiz poderá determinar a mantença do devedor sob regime recuperatório até que sejam cumpridas todas as obrigações contidas no plano que vencerem até no máximo 2 (dois) anos após a concessão da recuperação (art. 58), independentemente do eventual período de carência.

Há de se destacar que o art. 58, §1º estabelece a possibilidade de o juiz, mesmo em caso de não aprovação do plano, por parte dos credores, conceder a recuperação judicial.

Os incisos do §1º do art. 58 contém as exigências a fim de que se conceda a recuperação judicial.

Tal possibilidade também advém do sistema norte-americano e, ao juiz, é concedida razoável margem de discricionariedade, a fim de conceder ou não a recuperação do devedor, por mais que os credores tenham posição contrária.

Já foi dito no decorrer da exposição que, em última palavra, o mercado é quem estabelece quem nele opera.

É o chamado *cram down*, do direito norte-americano, trazido para o sistema normativo brasileiro.

Sobre o tema, disserta Marlon Tomazette:

> *No direito comparado, foram desenvolvidos outros institutos que ampliam a margem de intervenção judicial nos processos*

> *de recuperação judicial. Um dos maiores exemplos é o chamado cram down, entendido inicialmente como a concessão da recuperação judicial mesmo contra a vontade dos credores. A utilidade prática e o uso desse instituto em outros países traz a indagação sobre sua aplicabilidade ao direito brasileiro*[99].

Acentua a doutrina nacional:

> *Note-se que tal instituto falencial norte-americano ('cramdown') ocorre quando o juiz aprova e também impõe o plano de reorganização aos credores (sendo que algumas classes discordam do seu conteúdo), observados alguns requisitos legais para tal imposição. No Brasil há uma certa similaridade com a lei norte-americana, sendo que o juiz pode conceder a recuperação judicial cujo plano não tenha sido aprovado, mas também desde que observados alguns requisitos de ordem legal para tal concessão. De fato, o 'cramdown' ocorre quando o tribunal está convencido de que o plano de reorganização apresentado pelo devedor tem fundamento e é justo. Há, nesse passo, um certo critério de razoabilidade, não obstante as objeções apresentadas pelos credores. Talvez aí exista o risco para os credores em ter de se submeter ao comando judicial, sendo que, a fim de evitar a imposição, acabam participando de negociações tendentes a uma solução harmoniosa e distributiva em relação à crise do devedor. Talvez ainda se esteja, nesta esfera, justamente no poder de barganha do devedor em relação à arena denominada de reorganização judicial*[100].

A lei 14.112/2020 deu nova redação ao at. 61 da Lei 11.101/05.

Antes, necessariamente a entidade recuperanda ficava em juízo até 2 (dois) anos. A situação foi alterada, cabendo ao juiz, analisado o caso concreto, determinar a mantença ou não, da empresa sob o regime.

Contanto que cumpridas as obrigações vencidas, o juiz proferirá a terceira importante decisão no processo. Decretará, por sentença, o

---

99 Op. cit., p. 215.

100 CLARO, Carlos R. **Recuperação judicial: sustentabilidade e função social da empresa**. São Paulo: LTr Editora, 2009, p. 132.

enceramento da recuperação judicial. O art. 63 estabelece algumas determinações que deverão ser cumpridas.

13. ABERTURA JUDICIAL DA FALÊNCIA

Por força de lei, a abertura judicial de falência, ou seja, a retirada do devedor do mercado em que atua, só pode ocorrer caso presente uma ou mais das hipóteses previstas no art. 73 da Lei 11.101/05.

Sem que tal hipótese esteja configurada no caso concreto, em falência não se pode falar, nem mesmo quando da análise da petição inicial da ação de recuperação judicial[101].

O pedido constante da petição inicial delimita o efetivo alcance da prestação jurisdicional (CPC, arts. 322 e 324), ou seja, traça os limites da pretensão esposada, não cabendo olvidar da regra do art. 242, bem como daquelas previstas nos artigos 141 e 492, do Código de Processo Civil[102].

A respeito, Humberto Theodoro Júnior escreve:

> *Note-se, ainda, que o princípio da demanda vincula o juiz não apenas ao pedido, mas igualmente aos seus fundamentos (causa de pedir) de modo que não lhe é permitido solucionar o litígio por meio de razões ou motivos diferentes daqueles regularmente formulados pelos litigantes*[103].

---

101 Ao analisar a petição inicial da ação de recuperação judicial ajuizada pelo devedor mergulhado em crise econômico-financeira, poderá o magistrado:
(i) Indeferir de plano a petição inicial (CPC, art. 330);
(ii) Determinar o regular processamento (art. 52 da Lei 11.101/05);
(iii)Deliberar pela realização da perícia prévia (art. 51-A), deferindo ou não o processamento da recuperação após a entrega do laudo;
(iv)Determinar a emenda da petição inicial (CPC, art. 321) e depois poderá indeferir a petição inicial ou observar o art. 52 da Lei 11.101/05, ou seja, deferirá o processamento da reestruturação judicial. Cabe recurso contra todas as decisões, quer por parte do devedor, quer por parte dos credores.

102 Princípio da demanda (ou da demanda ou da adstrição); princípio da congruência entre o pedido e a sentença.

103 **Curso de Direito Processual Civil. Volume I**. 58ª edição. Rio de Janeiro: Forense, 2017, p. 1092.

Prossegue, quanto ao princípio da congruência:

> *o juiz deverá ficar limitado ao adstrito pedido da parte, de maneira que apreciará e julgará a lide 'nos termos em que foi proposta', sendo-lhe vedado conhecer questões não suscitadas pelos litigantes (art. 141). Prevalece, portanto, o princípio dispositivo na instituição da relação processual e na definição do objeto sobre o qual recairá a prestação jurisdicional. Justifica-se a prevalência do princípio dispositivo nesses momentos cruciais do processo também pela necessidade de prese4rvar a neutralidade do juiz diante do conflito travado entre os litigantes. Cabe-lhe receber e solucionar o litígio, tal qual deduzido pelas partes, em juízo, sem ampliações ou derivações para temas por elas não cogitados*[104].

A retirada do devedor do mercado é segunda alternativa, de modo que há de se colocar em prática (quanto possível) os meios recuperatórios.

É a nova linha adotada pela lei nacional, seguindo a legislação internacional de ponta.

São hipóteses taxativas, fechadas, sendo que o enunciado legal não permite ao juiz, ao detectar determinada situação concreta, abrir a falência, caso esta situação concreta seja estranha aos termos da lei.

Importante destacar alguns detalhes sobre o art. 73. Todas as situações que permitem a abertura da falência ocorrem somente após a decisão prevista no art. 52 da lei, ou seja, após o magistrado determinar o regular processamento da recuperação judicial.

Portanto, inadmissível a decretação da falência quando da análise da ação de recuperação judicial.

O juiz está adstrito aos termos da inicial, e o máximo que poderá fazer é indeferi-la ou mesmo determinar a emenda, sem jamais decretar a falência.

A reforma da lei, ocorrida em 2020, deu nova redação a determinados enunciados constantes do art. 73.

104 Op. cit., p. 73. Destaques no original.

Analisadas as hipóteses do art. 73, percebe-se que nenhuma delas se refere a momento anterior ao art. 52, ou seja, somente após a determinação de regular processamento da recuperação judicial é que poderá, eventualmente, ser aberta a falência do devedor.

Significa isso dizer que:

(i) Ao analisar a petição inicial, verificando a crise patrimonial do devedor, não poderá ser decretada a falência;

(ii) Após a juntada do laudo de constatação a que alude o art. 51-A, também não poderá ser decreta a falência, por mais que esse diagnóstico preliminar demonstre, por exemplo, que inexiste exercício da atividade econômica;

(iii) Mesmo que esse laudo aponte pela inviabilidade econômica do devedor, a falência não poderá ser aberta judicialmente.

Assim decidiu o Superior Tribunal de Justiça:

> *RECURSO ESPECIAL. DIREITO EMPRESARIAL. RECUPERAÇÃO JUDICIAL. CONVOLAÇÃO EM FALÊNCIA. ROL LEGAL TAXATIVO. AMPLIAÇÃO DO ALCANCE DE DISPOSITIVO LEGAL. DESCABIMENTO. DESCUMPRIMENTO DE OBRIGAÇÃO CONSTANTE DO PLANO. CONJECTURA. INTERPRETAÇÃO RESTRITIVA QUE SE IMPÕE. RECURSO PROVIDO.*
> *1. O propósito recursal consiste em definir, além da negativa de prestação jurisdicional, a possibilidade de convolação da recuperação judicial em falência após o transcurso do prazo bienal de supervisão judicial, mas sem que tenha havido decisão judicial de encerramento da recuperação, com base apenas em pedido da recuperanda de realização de nova assembleia geral de credores para modificação do plano de soerguimento, ante a alegada inviabilidade de consecução do plano vigente.*
> *2. As hipóteses de convolação da recuperação judicial em falência arroladas no art. 73 da Lei n. 11.101/2005 são taxativas, em virtude da consequência gravosa que dela decorre, equivalendo-se a uma penalidade legalmente imposta ao devedor em soerguimento, sendo suscetível, por isso, de interpretação restritiva.*
> *3. Não cabe ao Juízo da recuperação antecipar-se no decreto falimentar, antevendo uma possível (mas incerta) inexecução das obrigações constantes do plano, a pretexto de incidência do*

> *art. 61, § 1º e, por conseguinte, do art. 73, IV, ambos da Lei n. 11.101/2005, sem que efetivamente tenha ocorrido o descumprimento, pois tal proceder caracteriza uma ampliação indevida do alcance da norma, conferindo interpretação extensiva a dispositivo legal que só comporta interpretação restritiva.*
> *4. Inexistindo notícia nos autos acerca do efetivo cumprimento das obrigações do plano, a fim de subsidiar a sentença de encerramento da recuperação ou, caso contrário, de convolação em falência, impõe-se a devolução dos autos à origem para diligenciar nesse sentido e decidir conforme o entendimento ora delineado.*
> *5. Recurso especial provido*[105].

No ab-rogado Decreto-Lei 7.661/45 havia hipóteses taxativas para a convolação da concordata preventiva em falência (arts. 162 e 175).

A aplicação do art. 73, em qualquer de suas hipóteses, deve sempre ser prudente, criteriosa, considerando que o escopo da lei é a (tentativa de) busca pela mantença do devedor do mercado, preservando a entidade, postos de trabalho etc., de modo que a falência é de ser aberta somente quando impossível a superação da crise, considerada momentânea.

Quando se está diante de crise patrimonial, caso é, realmente, de falência.

O norte estabelecido pelo art. 47 é este: tentativa de preservação da entidade empresarial.

No ab-rogado Decreto-Lei 7.661/45 havia hipóteses taxativas para a convolação da concordata preventiva em falência (arts. 162 e 175).

A aplicação do art. 73, em qualquer de suas hipóteses, deve sempre ser prudente, criteriosa, considerando que o escopo da lei é a (tentativa de) busca pela mantença do devedor do mercado, preservando a entidade, postos de trabalho etc., de modo que a falência é de ser aberta somente quando impossível a superação da crise, considerada momentânea.

Quando se está diante de crise patrimonial, caso é, realmente, de falência.

105 STJ, Terceira Turma, REsp. 1707468-RS, rel. Min. Marco Aurélio Bellizze, julg. 25/10/2022.

O norte estabelecido pelo art. 47 é este: tentativa de preservação da entidade empresarial no mercado[106].

Interessante notar que a regra do art. 175, §8º do Dec.-Lei 7.661/45 permitia a abertura judicial de falência de ofício pelo juiz, decisão contra a qual cabia agravo de instrumento sem efeito suspensivo.

O regime previsto na lei atual não permite a convolação da recuperação em falência *ex officio*.

Não é em todo e qualquer momento processual que poderá haverá a abertura judicial da falência, Cabe interpretar o art. 73 da Lei 11.101/05 sob os métodos hermenêuticos de interpretação sistemático, axiológico e teleológico.

O art. 73 jamais poderá ser interpretado sob o enfoque literal, gramatical, sob pena de desvirtuamento do instituto da recuperação judicial.

A análise da petição inicial da ação de recuperação permite, no máximo, que ocorra o indeferimento por parte do magistrado, sem qualquer possibilidade de decretação imediata da falência, até porque tal hipótese não vem elencada no aludido art. 73 da lei.

As situações que autorização a convolação da recuperação judicial em falência só ocorrem após o juiz determinar o processamento, nos termos do art. 52.

Destarte, a decretação [ou convolação] da falência fora de tais hipóteses se constitui em equívoco, com prejuízos [gravames] ainda maiores ao devedor, e, em consequência, ao universo de credores (inclusive o fisco) e à própria coletividade na qual se insere a entidade mergulhada em crise.

Em resumo, visando a tentativa de reerguimento do agente econômico, de certa forma, as hipóteses elencadas no art. 73 restringem a possibilidade de falência.

Para finalizar esta obra, me vem à memória o pensamento de Emilio Betti a respeito da verdade:

> *Não pode ser uma posse definitiva e menos ainda o monopólio ou a exclusividade de alguém, mas sim é a meta de uma aspi-*

106 Sobre a função social da empresa: CLARO, Carlos R. **Recuperação judicial: sustentabilidade e função social da empresa**. São Paulo: LTr, 2009,

ração, que é perene porque nunca plenamente satisfeita, que é comum porque dela nenhum ser humano, por nenhuma razão, deve ser excluído[107].

Neste livro buscou-se o diálogo entre sujeito cognoscente e objeto cognoscível, sendo que o resultado da pesquisa acadêmica é apresentado.

Muitos problemas ficaram sem respostas adequadas, certamente. Novas pesquisas científicas a respeito dos institutos previstos na Lei 11.101/05 certamente virão.

107 **Interpretação da lei e dos atos jurídicos: teoria geral e dogmática**. São Paulo: Martins Fontes, 2007, XXXII.

REFERÊNCIAS BIBLIOGRÁFICAS

ABRÃO, Carlos H.; MARTINS, Lucilaine Braga L. C; CLARO, Carlos R. **Destituição e remoção dos administradores de empresas em recuperação judicial**. São Paulo: Quartier Latin, 2023.

ABRÃO, Nelson. **O novo direito falimentar: nova disciplina jurídica da crise econômica da empresa**. São Paulo: Editora Revista dos Tribunais, 1985.

___________**Curso de direito falimentar**. 5ª edição. São Paulo: Livraria e Editora Universitária de Direito, 1997.

ADAMEK, Marcelo Vieira von. **Estudos e pareceres em recuperação de empresas e falência; obrigações e contratos empresariais: Direito empresarial contemporâneo 4.** São Paulo: Quartier Latin, 2023.

ALEXY, Robert. **Teoria dos direitos fundamentais**. São Paulo: Malheiros, 2008.

ARISTÓTELES. Ética a **Nicômaco; Poética** (Os Pensadores). São Paulo: Nova Cultural, 1987.

BARROSO, Luís R. **Interpretação e aplicação da Constituição: fundamentos de uma dogmática constitucional transformadora**. 3ª edição. São Paulo: Saraiva, 1999.

CALMON DE PASSOS, José J. **Função social do processo**. Revista Forense, vol. 343.

CANOTILHO, José J. G. **Direito Constitucional e teoria da Constituição**. 5ª edição. Coimbra: Livraria Almedina, 2002.

CARRAZA, Roque a. **Curso de Direito Constitucional Tributário**. 12ª edição. São Paulo: Malheiros, 1999.

CASTOR, Belmiro V.J. **Tamanho não é documento: estratégias para a pequena e a microempresa brasileira**. Curitiba: EBEL, 2006.

CASTRO, Antonio; LESSA, Carlos. **Introdução à economia: uma abordagem estruturalista**. 37ª edição. Rio de Janeiro: Forense Universitária, 2005.

CLARO, Carlos R. **A propriedade e a administração dos bens na falência**. Porto Alegre: Revista do Ministério Público do Rio Grande do Sul, n. 66, maio 2010 - ago2010.

__________**Apontamentos sobre o diagnóstico preliminar em recuperação judicial. Abordagem zetética**. In – ABRÃO, Carlos H.; CANTO, Jorge L. L. do; LUCON, Paulo H. dos S. (coord.). **Moderno direito concursal – Análise plural das Leis n. 11.101/05 e n. 14.112/20**. São Paulo: Quartier Latin, 2021.

__________**Falência: ineficácia e revogação de ato no processo falimentar**. 2ª edição. Curitiba: Juruá, 2020.

__________**Revocatória falimentar**. 5ª edição. Curitiba: Juruá Editora, 2015.

__________**Recuperação judicial: sustentabilidade e função social da empresa.** São Paulo: LTr Editora, 2009.

__________**Temas de recuperação judicial**. Curitiba: Editora Íthala,2012.

__________**Exorcizando alguns 'princípios' jurídicos**. https://www.migalhas.com.br/depeso/305977/exorcizando-alguns--principios--juridicos. Acesso: 14/07/2023.

__________**O Estado-juiz como um dos sujeitos principais nos processos de falência e de recuperação judicial**.

https://jus.com.br/artigos/87478/o-estado-juiz-como-um-dos-sujeitos-principais-nos-processos-de-falencia-e-de-recuperacao-judicial. Acesso: 24/07/2023.

__________**O acionista minoritário e o pedido de reestruturação judicial. Considerações**. https://jus.com.br/artigos/99872/o--acionista-minoritario-e-o-pedido-de-reestruturacao-judicial-consideracoes. Acesso: 24/07/2023.

__________**Reestruturação de municípios no Bankruptcy Code Norte-Americano.** https://jus.com.br/artigos/96494/reestruturacao-de-municipios-no-bankruptcy-code-norte-americano. Acesso: 21/07/2023.

COELHO, Fábio U. **Comentários à nova Lei de Falências e Recuperação de Empresas**. São Paulo: Saraiva, 2005.

COMPARATO, Fábio K. **Direito empresarial: estudos e pareceres**. 1ª edição, 2ª tiragem. São Paulo: Saraiva, 1995.

DAVIS, John H.; GOLDBERG, Ray A. **A concept of agribusiness**. Boston: Harvard University, 1957.

DELANEY, kevin. **Strategic Bankruptcy: How Corporations and Creditors use Chapter 11 to their Advantage**. California: University of California Press, 1998.

HOUAISS. **Dicionário Houaiss da Língua Portuguesa**. Rio de Janeiro: Editora Objetiva, 2001.

FACHIN, Zulmar. **Curso de direito constitucional**. 3ª edição. São Paulo: Método, 2008.

FERRREIRA Filho, Manoel G. **Curso de Direito Constitucional**. 32ª edição. São Paulo: Saraiva, 2006.

HABERMAS, Jurgen. **A crise de legitimação no capitalismo tardio**. 2ª edição. Rio de Janeiro: Edições Tempo Brasileiro, 2002.

GEVAERD, Jair. **Responsabilidade social, inclusão e sustentabilidade: vértices empresariais dos direitos fundamentais**. In – CANEZIN, Claudete C. (coord.). **Arte jurídica. Vol. I**. Curitiba: Juruá Editora, 2004.

__________ **Direito societário: teoria e prática da função. Volume II**. Curitiba: Gênesis, 2001.

GRAU, Eros R. **Por que tenho medo dos juízes: (a intepretação/aplicação do direito e os princípios)**. 7ª edição. São Paulo: Malheiros, 2016.

__________ **A ordem econômica na Constituição de 1988**. 11ª edição. São Paulo: Malheiros, 2006.

LA BOÉTIE, Étienne de. **Discurso da Servidão Voluntária**. 4ª ed., 2ª reimp. São Paulo: Editora Brasiliense, 2001.

MANKIW, Nicholas G. **Introdução à economia**. São Paulo: Cengage Learning, 2012.

MARCONDES, Sylvio. **Problemas de direito mercantil**. São Paulo: Max Limonad, 1970.

MARQUES, José F. **Manual de direito processual civil. 2º Volume. Processo de conhecimento. 1ª parte**. 7ª edição.

MENDONÇA, Maria L. R.F. de. **Modo capitalista de produção e agricultura: A construção do conceito de 'Agronegócio'** .

https://www.teses.usp.br/teses/disponiveis/8/8136/tde-26062013-114407/pt-br.php. Acesso: 17/07/2023.

MONTAIGNE, **Os ensaios. Livro I**. São Paulo: Martins Fontes, 2002.

__________**Os ensaios. Livro II**. São Paulo: Martins Fontes, 2006.

MONTE SIMIONATO, Frederico A. **Tratado de direito falimentar**. Rio de Janeiro: Editora Forense, 2008.

NEGRÃO, Ricardo. **Curso de direito comercial e de empresa. Volume 3. Recuperação de Empresas, Falência e Procedimentos Concursais Administrativos**. 16ª edição. São Paulo: Saraiva, 2022.

NERY JUNIOR, Nelson. **Princípios do processo civil na Constituição Federal**. 8ª edição. São Paulo: Editora Revista dos Tribunais, 2004.

OLIVEIRA, Francisco C. **Hermenêutica e tutela da posse e da propriedade**. Rio de Janeiro: Forense, 2006.

__________ **Uma nova racionalidade administrativa empresarial**. In – GEVAERD, Jair, TONIN, Marta M. (coord.). **Direito empresarial & cidadania: questões contemporâneas**. Curitiba: Juruá, 2004.

GOMES, Orlando. **Raízes históricas e sociológicas do Código Civil Brasileiro**. São Paulo: Martins Fontes, 2003.

GONÇALVES NETO, Alfredo de A. **Direito de empresa: comentários aos artigos 966 a 1.195 do Código Civil**. 2ª edição. São Paulo: Revista dos Tribunais, 2008.

GRAU, Eros R. **Por que tenho medo de juízes: a interpretação/aplicação do direito e os princípios**. 7ª edição. São Paulo: Malheiros, 2016.

__________ **A ordem econômica na Constituição de 1988**. 11ª edição. São Paulo: Malheiros, 2006.

OPITZ, Silvia C.B.; OPITZ, Oswaldo. **Curso completo de direito agrário**. 9ª edição. São Paulo: Saraiva, 2015.

PANZA, Luiz O. M. **Recuperação judicial e fomento comercial: Um diálogo entre as fontes sob a perspectiva das decisões judiciais**. In – FACHIN, Edson, ABRÃO Carlos H.; REQUIÃO, Rubens E. (coords.). **O moderno direito empresarial do século XXI: estudos em homenagem ao centenário de Rubens Requião**. Rio de Janeiro: LMJ Mundo Jurídico, 2018.

__________ **Recuperação extrajudicial: uma releitura para a valorização de um instituto neoliberal**. In – ABRÃO, Carlos H.; CANTO, Jorge L. L. do; LUCON, Paulo H. dos S. **Moderno direito concursal: análise plural das Leis nº 11.101/05 e nº 14.112/202**. São Paulo: Quartier Latin, 2021.

PEREIRA, Caio M. da S. **Instituições de direito civil. Volume IV**. 6ª edição. Rio de Janeiro: Forense, 1984.

__________ **Instituições de direito civil. Volume I**. 6ª edição. Rio de Janeiro: 1982.

PONTES DE MIRADA, Francisco C. **Tratado de direito privado. Parte Especial. Tomo XXIX**. 3ª ed., 2ª reimpressão. São Paulo: Editora Revista dos Tribunais, 1984.

PRADO JUNIOR, Caio. **A revolução brasileira**. 7ª edição. São Paulo: Brasiliense, 2004.

RABELLO FILHO, Francisco P. **O princípio da anterioridade da lei tributária**. São Paulo: Editora Revista dos Tribunais, 2002.

RESTIFFE NETO, Paulo; RESTIFFE, Paulo S. **Garantia fiduciária**. 3ª edição. São Paulo: Revista dos Tribunais, 2000.

ROMANO, Santi. **O ordenamento jurídico**. Florianópolis: Fundação Boiteux, 2008.

SARLET, Ingo W. **Dignidade da Pessoa Humana e Direitos Fundamentais: na Constituição Federal de 1988**. 4ª edição revista e atualizada. Porto Alegre: Livraria do Advogado, 2006.

SARMENTO, Daniel. **Direitos fundamentais e relações privadas**. 2ª edição. Rio de Janeiro: Lumen Juris, 2006.

SILVA, José A. **Curso de direito constitucional**. 20ª edição. São Paulo: Malheiros, 2002.

SIMIONATO, Frederico A. M. **Tratado de direito falimentar**. Rio de Janeiro: Forense, 2008.

THEODORO JÚNIOR, Humberto. **Curso de direito processual civil. Volume I**. 58ª edição. Rio de Janeiro: Forense, 2017.

__________ **Código de Processo Civil anotado**. 21ª edição, 2ª tiragem. Rio de Janeiro: Forense, 2018.

TOLEDO, Paulo F.C. Salles de; ABRÃO, Carlos H. (coords.). **Comentários à Lei de Recuperação de Empresas e Falência**. São Paulo: Saraiva, 2005.

TOMAZETTE, Marlon. **Curso de direito empresarial, Volume 3: falência e recuperação de empresas**. 4ª edição. São Paulo: Atlas, 2016.

VERÇOSA, Haroldo M. Duclerc. In – SOUZA JUNIOR, Francisco S. de; PITOMBO, Antônio S. A. de. (coord.). **Comentários à Lei de Recuperação de Empresas e Falência: Lei 11.101/05 – Artigo por artigo**. São Paulo: Editora Revista dos Tribunais, 2007, p. 163.

VIGIL NETO, Luiz I. **Teoria falimentar e regimes recuperatórios: estudos sobre a Lei n. 11.101/05**. Porto Alegre: Livraria do Advogado Editora, 208.

WALDRON, Jeremy. **A dignidade da legislação**. São Paulo: Martins Fontes, 2003.

WARAT, Luis A. **O direito e sua linguagem**. 2ª versão. 2ª edição aumentada, com a colaboração de Leonel Severo Rocha. Porto Alegre: Sergio Antonio Fabris Editor, 1995.

WEBER, Max. **Economia e sociedade. Volume 1**. Brasília: Editora Universidade de Brasília, 2009.